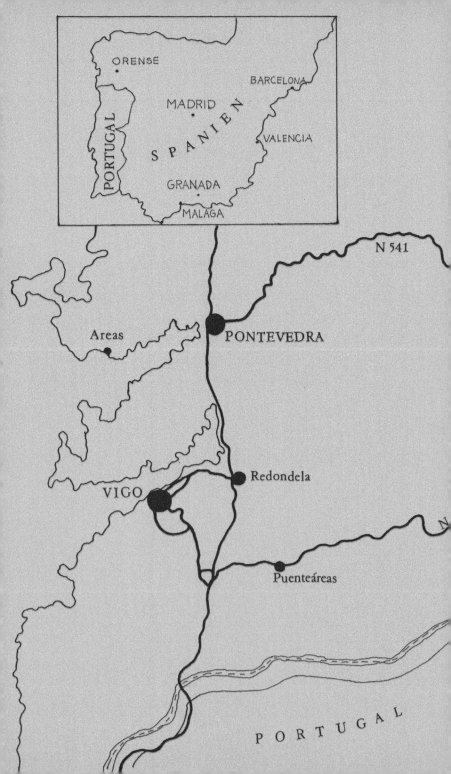

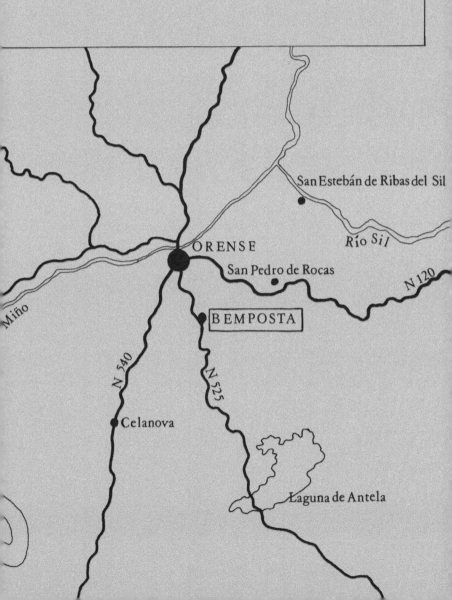

어린이 공화국

벤포스타

일러 두기

■ 이 책은 독일의 로볼트(Rowohlt) 출판사에서 낸 《DIE KINDERREPUBLIK, Bemposta und die Muchachos》를 번역했다. 제목을 그대로 풀면, '어린이 공화국, 벤포스타와 무차초스'이다. 벤포스타는 에스파냐에 있는 아이들의 공동체다. 나라라는 말을 쓰지만 물론 유엔 같은 국제기구가 인정하는 국가가 아니다. 에스파냐에서 프랑코 파시즘이 맹렬할 때, 벤포스타만은 자유와 민주의 원리가 지켜진다 해서 이웃들이 '공화국'으로 불렀다고 한다. 벰포스타 (Bemposta)로 쓴 적도 있지만 지금은 벤포스타(Benposta)로 쓰므로 원서와 달리 한국어판에서는 벤포스타로 표기했다. 무차초스는 에스파냐 말로 '소년들'이라는 뜻이다. 벤포스타 주민들을 뜻하는 말이면서 아이들이 꾸려 가는 서커스단의 이름이기도 하다. 뫼비우스가 1972년에 방문했을 때는 사내아이들만 있었지만 오늘날에는 여자아이들도 있으므로 한국어판에서는 '소년들'이라고 하지 않고 '아이들'로 표현한 곳이 많다.

■ 오래전에 나온 책을 번역하여 출간하느라 여러 사람의 도움을 받았다. 저자 에버하르트 뫼비우스, 일본 큐슈 공업대학의 쿠리야마 지로(栗山次郎) 교수, 정숙경, 조인자 님들께 고마움을 전한다.

■ 벤포스타는 여러 가지 사정으로 2005년 5월에 문을 닫았다. 하지만 벤포스타는 아이들이 평등하고 자유롭게 살았던 교육 공동체의 본보기로 여전히 많은 이들에게 영향을 주고 있다.

어린이 공화국

벤포스타

에버하르트 뫼비우스 씀

김라합 옮김

보리

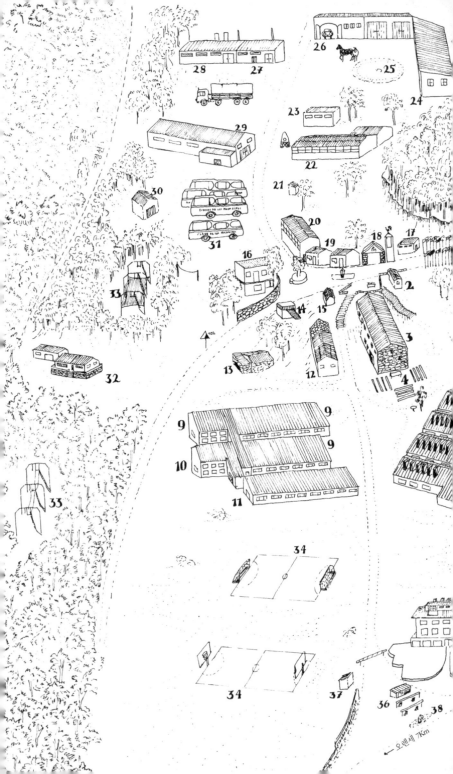

벤포스타

'나'와 '나라'가 함께 서는 꿈

이 책은 참 놀라운 기록이다. '어린이 공화국 벤포스타'는 꿈속의 나라다. 먼 옛날부터 오늘에 이르기까지 인류는 행복한 꿈속의 나라를 그려 왔다. 노자의 《도덕경》에서 작은 마을 나라의 꿈을 마주했을 때, 플라톤의 《국가》에서 이상 사회의 설계도를 보았을 때, 토머스 모어의 《유토피아》나 토마소 캄파넬라의 《해의 나라》를 읽었을 때, 우리 가슴은 얼마나 두근거렸던가. 그리고 이 꿈의 나라를 현실화하려고 인류의 역사에서 얼마나 많은 사람들이 저 나름으로 설계도를 그리고 다시 고쳐 그렸던가. 또 터 닦고 기둥 세우기에 얼마나 많은 피와 땀을 흘려 왔던가.

이 책은 현실화한 공화국의 여러 모습을 보여 준다. 은행, 시청, 집회소와 회의실, 공장과 슈퍼마켓, 놀이터와 운동장, 서커스단과 교통 경찰 초소……. 어느 나라, 어느 도시에서나 이런 것들은 볼 수 있다. 겉모습만 보면 새로울 게 하나도 없다. 구조는 비슷하다. 그러나 기능이 다르다. 예를 들어 '은행'은 일반 세상에서 '돈을 맡기는 곳', '돈을 빌리는 곳'의 기능을 한다. 어린이 공화국에서도 마찬가지 기능을 하지 않는 가? 그렇다–아니다. 열쇠는 돈에 있다. 어린이 공화국 안에서 아이들은 수업료를 내는 대신에 '돈을 받고' 공부한다. 공부는 아이들이 원해서 하는 '놀이'가 아니다. 공화국이 필요해서 시키는 '일'이다. 따라서 다른 일을 시킬 때와 마찬가지로 아이들에게 대가를 치러야 한다. 그 대신에 아이들도 공밥을 먹을 수 없다. 공부가 되었건, 주유소나 철공소 일이 건 무슨 일이든지 해야 밥을 먹을 수 있다. 그야말로 '하루 일하지 않으 면 하루 먹지 말라.'는 선불교의 《백장 청규 百丈淸規》가 '돈'을 징검다 리 삼아 엄격하게 실현된다. 따라서 '돈'은 돈이되, 이 '돈'이 하는 기능 은 전혀 다르다. 그리고 이 '돈'은 공화국 밖에서는 휴지쪽에 지나지 않 고, 안에서 유통되어도 그 기능은 일반 사회의 국가 화폐나 국제 화폐 가 하는 기능과 아주 다르다.

'어린이 공화국'의 시민들은 어떤 사람들인가? 그 사람들은 이상적 인 공화국을 세우고 이끌 만한 성숙한 시민 의식을 가지고 있는가? 그 렇다–아니다. 공화국 건설의 모태가 된 '실바와 열다섯 아이들'은 그야 말로 버림받은 '나머지 사람들'이다. 세상에서 버림받았을 뿐만 아니라, 제 앞가림도 할 수 없는 어린 나이에 '입 하나라도 덜어야' 살아남을 수 있다는 절박한 현실 때문에 부모로부터까지 버림받은 아이들이다. 이 아이들을 거두어 '스스로 제 앞가림을 하고', '이웃과 더불어 사는' 힘을 길러 주는 일은 실바 신부의 몫이었다.

부모가 버리고 세상이 버린 이 아이들이 세상 밖에서 '우리들의 나 라'를 세울 수밖에 없는 것은 너무나 당연하지 않는가? 철들어 제 앞가 림을 할 수 있을 때까지, 또 혼자서는 살아남을 수 없는 생명체로서 태어난 까닭에 여럿이 한데 모여 서로 도우며 살 수 있는 힘을 기를 때까지 기르고 가르치는 일은 어른들이 주체인 국가 사회의 일차 의무다. 그 국가가 의무를 저버렸을 뿐만 아니라 떠맡을 생각도 없다. 버림받은 아이들은 누군가 돌보지 않으면, 그리고 힘을 모아 제 앞가림을 할 길을 찾지 않으면 살아남을 길이 없다. '어린이 공화국'은 이런 절박한 필요에서 생겨났다.

다시 한 번 더 되풀이하자면, 시대와 지역을 넘어서서 영원히 변치 않을 교육의 궁극 목적은 이 두 마디로 추스릴 수 있다. '스스로 제 앞가림을 하면서, 이웃과 더불어 살 힘을 길러 주는 것.'

어린이 공화국 벤포스타는 이런 교육이 가능하고, 그 교육의 결과가 '자율'과 '공생'의 성숙한 시민 의식을 낳을 수 있음을 보여 주는 살아 있는 증거다.

교육이 없으면 '나'도 '나라'도 없다. 어린이 공화국 벤포스타, '나'와 '나라'가 함께 서는 꿈 같은 현실, 바로 이것이다.

2000년 10월

윤구병(변산공동체학교 교장)

어린이 공화국을 찾아서

1971년 가을, 함부르크에 있는 '어린이 극장(Theater für Kinder)'은 에스파냐의 어린이 서커스단이 파리에서 초청 공연을 갖는다는 소식을 들었다. 서커스단의 곡예사들은 모두가 여덟 살에서 열여덟 살까지의 사내아이들이라고 했다. 우리 '어린이 극장'은 어린이 연극에 활용할 새로운 놀이 형태와 표현 양식, 그것도 서커스처럼 극장이라는 고정된 공간에 제약받지 않는 공연 형태를 찾고 있던 참이라 호기심이 생겼다.

어쩌면 '무차초스 서커스단(Circo los Muchachos, 어린이 서커스단의 이름)'을 독일로 초청할 수 있을지도 모른다는 생각이 들었다. 하지만 '무차초스 서커스단'의 주소를 알아내기란 쉬운 일이 아니었다. 본에 있는 에스파냐 문화원에 '무차초스 서커스단'의 주소를 물었더니 두 달이나 지나서 연락이 왔는데, 무차초스라는 이름을 들어 본 적이 있고 실바 신부라는 사람의 사회사업에 대해서도 알고 있지만, 미안하게도 주소는 모른다는 것이었다.

마침내 우리는 파리에 있는 친구들의 도움을 받아 무차초스의 주소를 손에 넣었다. 우리는 무차초스 서커스단 앞으로 다음과 같은 전보를 보냈다.

받는 사람 : 무차초스 서커스단

에스파냐, 오렌세(Ourense)

'함부르크 어린이 극장은 무차초스가 독일, 특히 함부르크에서 공연해 주기를 바라고 있습니다.'

에스파냐에서 바로 답장이 왔다.

'10월 5일이나 6일에 바욘(Bayonne)에 오면 우리 공연을 볼 수 있습니다.'

우리는 곧장 프랑스로 건너가, 바욘 시청 강당에서 말로만 듣던 '무차초스 서커스' 공연을 처음으로 보았다. 그리고 뜨거운 함성과 박수 갈채를 보냈다.

우리는 무차초스 단원들이며 실바 신부와 이야기를 나누면서 이 어린이 서커스단에게 가장 중요한 것이 무엇인지를 알게 되었다. 이 어린이 서커스단의 서커스만도 어디에 내놓아도 손색없는 기막힌 볼거리지만 더 중요한 것은 아이들의 기예가 뛰어나다는 것보다 그 아이들이 멀리 에스파냐에 있는 인구 2천 명의 어린이 나라에서 왔다는 것이었다.

우리는 무차초스의 독일 초청 공연 계획을 추진하기로 했다.

그러나 우리는 그저 '무차초스 서커스'를 소개하는 데 그치고 싶지 않았다. 그 아이들이 말하는 어린이 공화국에 대해서도 되도록 자세히 알고 싶었다. 함부르크 공연 일정이 이미 1972년 봄으로 잡혀 있어서 공연을 준비할 시간이 별로 없었기 때문에, 우리는 정보를 얻으려고 급히 에스파냐를 다녀오고 프랑스와 벨기에에서 무차초스 서커스단의 공연이 있을 때마다 찾아가 구경하곤 했다.

독일에서 10주 동안의 무차초스 서커스 초청 공연이 끝나고 난 뒤 나에게 남은 것이라고는 무차초스와 그 아이들의 어린이 공화국을 현장에 가서 연구해 보고 싶다는 바람, 그 아이들에 대해, 그리고 그 아이들의 공화국이 어떻게 만들어졌는지에 대해 더 많이 알고 싶다는 바람뿐이었다. 1972년 7월 나는 아내와 함께 에스파냐로 갔다. 우리 부부는 4주 동안 벤포스타는 물론이고 어린이 공화국이 세운 부속 시설들까지 모두 방문했다.

이 글은 4주에 걸친 나의 벤포스타 여행기이다.

차례

이렇게 시작되었다

헤수스 실바 멘데스(Jesus Silva Méndez, 1933년 1월 25일에 태어났다)가 오렌세에서 〈소년들의 마을 Boys Town〉이라는 영화를 본 것은 아홉 살 때 일이다. 이 영화는 1917년 미국 네브래스카 주 오마하에 집도 절도 없이 떠도는 아이들을 위해 도시를 건설한 에드워드 조지프 플래니건(Edward Joseph Flanagan, 1886~1948)이라는 신부의 이야기를 다룬 것이었다. 영화 〈소년들의 마을〉은 노먼 토록(Norman Taurog)이 1937년에 제작했다. 어린 헤수스 실바의 마음속에 신부가 되고 싶다는 소망이 싹틀 만큼 플래니건의 교육 활동은 감동스러웠다. 실바는 자기도 신부가 되어 에스파냐에 어린이들을 위한 도시를 세우고 싶었다.

영화 한 편을 본 것이 아홉 살짜리 아이에게 앞으로 어떻게 살아야 할지를 결정하는 체험이 된 것이다. 그때부터 플래니건 신부는 어린 실바의 앞날을 이끌어 주는 빛이 되었다.

그리고 헤수스 실바 멘데스는 정말로 사제가 되었다.

1956년 청년 신부 실바는 '소년들의 도시'를 세우겠다는 자기의 꿈을 현실로 옮기기 시작했다. 실바 신부는 고향인 오렌세의 가난한 동네에서 사내아이 열다섯 명과 친구가 되었다. 그 아이들을 가난과 궁핍, 절망을 이겨 내기 위해 함께 노력할 '소년들의 도시'를 세우는 데 열렬한 지지자로 만들기란 어려운 일이 아니었다. 아이들 거의 모두가 열 살에서 열두 살 사이였지만, 다들 아직 학교 문턱을 넘어 보지 못했다. 실바의 제안으로 그 아이들에게 감히 꿈도 꿀 수 없었던 발전의 기회가 열렸다. 부모들은 거의 모두가 '소년들의 도시'에서 살고 싶다는 자식의 뜻에 선뜻 동의했다. 입 하나 더는 것만으로도 쪼들리는 살림에는 큰 보탬이 되었던 것이다.

넝마─종이─빈 병─무차초스(소년들)

낡아 빠진 짐차 한 대가 알록달록한 현수막을 붙인 채 오렌세 거리 여기저기를 누비고 다녔다. 현수막에는 Tra─Pa─Bo─chos 라고 큼직한 글씨로 적혀 있었다. 넝마(trapo), 종이(papel), 병(botellas), 소년들(mucha-chos)의 약자이다. 운전석에는 검은 가죽 점퍼 차림의 젊은 남자가 앉아 있고, 그 옆자리에는 사내아이 다섯이 빼곡이 들어 앉아 있었다. 운전석에 앉아 있는 젊은 남자가 헤수스 실바 멘데스 신부이다. 실바 신부는 아이들과 함께 고물 수집이라는 고단한 사업을 벌이고 있었다. 몇 주가 지나자 오렌세 주민들 가운데 고물 수집가들의 알록달록한 짐차를 모르는 사람

오렌세(Ourense)는 오렌세 주의 주도로, 인구는 7만 3천 명이다.

이 없게 된다. 주민들은 아이들이 자기 동네에 들르는 때를 정확하게 알고 있었다. 그래서 그때가 되면 가구같이 처치 곤란한 폐품이나 창고 안에 처박혀 있던 잡동사니들을 길에 내놓았다. 열다섯 명의 사내아이와 사제 한 사람은 이렇게 모은 고물을 팔아이제 막 첫 발을 내딛기 시작한 '소년들의 도시'의 생활비를 마련했다.

커다란 계획

오렌세 시장 가까이 산 프란치스코 거리에 있는 실바 신부 부모의 집에는 빈방이 몇 칸 있었다. 이 방들이 어린 '도시 창건자들'의 첫 보금자리였다.

아직 이 아이들에게는 선생이 없어서 자기들만의 학교를 열지 못했다. 그러나 '소년들의 도시'의 목표는 자기들만의 학교를 세우는 쪽으로 가닥이 잡혀 있었다. 자기들의 학교, 자기들의 실습 작업장, 경제 자립 기반은 갓 태어난 이 공동체가 좀 더 나은 형편에서 새롭게 출발할 수 있게 해 줄 것이었다. 처음에는 모든 아이들을 공립 학교에 입학시켰다. 그때까지만 해도 취학 문제를 엄격하게 관리하지 않았기 때문에 나이에 관계없이 아이들을 입학시킬 수 있었다. 이 '도시'에서 공동생활을 하며 지켜야 할 원칙들을 정해 놓은 '어린이 나라의 법'이 만들어진 것도 이 무렵이다.

고물과 빈 병을 모아 파는 사업이 잘되긴 했지만, 그것만으로는 돈이 모자랐다. 몇몇 아이들은 기타를 연주하고 민속 음악 연주회

오렌세 시내에 있는 실바 부모의 집이 무차초스의 본가인 셈이다. 실바는 1956년 이 곳에서 열다섯 명의 사내아이들과 함께 '소년들의 도시'를 만들었다. 실바의 부모는 처 음부터 아들의 계획을 몸과 마음, 물질로 지원해 주었다. 1958년 어린이 나라(Nación Joven)가 지금의 벤포스타가 자리잡고 있는 땅을 사들여서, 실바 부모의 집은 지부로 남게 되었다.

를 열었다. 실바 신부는 14년 전부터 그림을 그려 왔는데, 실바 신부가 붓을 잡고 아이들이 그림을 내다 팔기 시작하면서 실바 신부의 취미가 돈을 벌어다 주었다. 힘겨운 첫 해를 보내고 난 뒤 실바는 '소년들의 도시' 건설이라는 목표를 좀 더 빨리, 좋은 형편에서 이루려고 자기의 구상을 널리 알리기로 마음먹는다.

홍보를 준비하는 일은 이만저만 어려운 것이 아니었지만, 지금까지 모든 문제를 함께 힘을 모아 해결해 온 이 작은 집단은 어느새 만만치 않은 새로운 과제도 해결할 수 있을 만큼 성장해 있었다.

다행히 대기업들이 물건들을 기증해 주고 광고까지 대신해 주어, 이 회사들과 공동으로 에스파냐 대도시 여기저기에서 소년들의 도시를 위한 경품 복권을 모집하게 되었다. 이 행사 덕에 돈이 꽤 많이 들어와, 곧 실습 작업장에 기계를 설치할 수 있었다.

1957년에는 이곳 아이들이 에스파냐 청소년 하키 선수권 대회에서 우승을 차지했다. 에스파냐 하키 협회는 이 아이들의 뛰어난 실력에 감동하여, 이 팀 전체를 청소년 국가 대표로 임명했다. 에스파냐에서는 하키의 인기가 높았으므로 이 사건이 언론에 보도되자 무차초스에 대한 관심이 높아졌다.

홍보 활동은 뜻하지 않은 효과도 낳았다. 갈리시아 지방의 오렌세 근처에 소년들의 도시가 있다는 사실이 전국의 어린이들에게 알려지게 된 것이다. 그리하여 경품 복권 행사와 하키 사건이 있고 난 뒤로 이 도시에 새로운 시민들이 하나둘씩 들어왔다. 공

무차초(muchacho)는 소년, 무차차(muchacha)는 소녀라는 말이다. '시우다드 데 로스 무차초스(Ciudad de los Muchachos)'는 '소년들의 도시'라는 말. 지금 이 나라가 쓰는 공식 이름은 '벰포스타 나시온 데 무차초스(Benposta Nación de Muchachos)'로 '벰포스타 어린이 나라'이다. 벰포스타(Bemposta)는 벤포스타(Benposta)의 갈리시아 사투리다. 벤포스타는 '위치가 좋다.'는 뜻으로, 지금 벤포스타가 들어서 있는 옛 포도 농장의 별명이었다. 이 도시의 새 입주자가 되기 위한 단 한 가지 조건은 입주자 '스스로 내리는 결정'이다. 부모들은 아이의 입주 신청서에 서명하는 것으로 실바 신부에게 양육권과 교육권을 넘긴다.

실바(가운데)와 스무 살 난 시장 마사스가 아레아스로 여름 휴가를 떠나는 아이들에게 인사를 하고 있다.

동체는 날로 커졌다. 그래서 실바의 부모는 자기들이 쓰는 공간을 점점 줄여 가면서 공동체에 방을 내주었지만, 그것으로도 모자랐다.

보통 국가의 의회에 견줄 수 있는 '주민 총회'는 처음부터 이곳 아이들의 가장 중요한 의결 기관이었다. 총회는 모든 개인의 문제와 공동체의 문제를 의논하고 시장과 장관을 선출하며, 저마다 맡아야 할 과제를 나누어 준다. 아직 회의장이 따로 없었기 때문에 시장을 뽑는 투표는 오렌세 공원에서 치렀다. 공원에서는 볕이 따갑기는 했지만 한갓지게 회의를 할 수 있었다.

주교 사택 앞에서

오렌세의 대주교는 어느 날 자기의 주교 사택 창문 바로 앞에서 이상한 집회가 열린다는 소식을 들었다. 이 높으신 양반은 처음에는 몹시 감동하여, 경건한 어린 양 떼이겠거니 하는 마음으로 '소년들의 도시' 아이들에게 자기 저택의 대문을 활짝 열어 주었다. 그러나 안타깝게도 무차초스는 대주교의 기대를 깨고 말았다. 총회가 명상 시간처럼 고요하게 진행되는 일이란 좀처럼 없었기 때문이다. 에스파냐 사내아이들은 목청을 높이며 열정에 가득 차 자기들의 문제를 토론했다. 이런 소란은 곧 대주교를 비롯해 적막한 것에 익숙해 있던 성직자들의 신경을 거스르기 시작했다. 그리하여 이 작은 도시 국가는 새로운 행정 본부를 찾아 나서야 했다.

교도소에서 포도 농장으로

오렌세 시립 교도소의 모든 방이 늘 수감자들로 가득 차 있는 것은 아니었다. 무차초스(소년들)는 곧 교도소장의 초대로 감옥에서 회의를 열게 되었다. 소시민들이 사는 지방 도시 오렌세에서 이 사건이 순식간에 관심거리로 떠오른 것은 당연한 일이었다. '교도소에서 아이들을 교육한다고?' 다행히 좋게 보아 주는 이도 있기는 했다. 무차초스와 지지자들은 공간을 마련하려고 쉼 없이 애썼다.

어느 날 실바는 오렌세에서 7킬로미터 떨어진 곳에 있는 오래된 포도 농장이 살 사람을 기다린다는 소식을 들었다. 그동안 모아 놓은 얼마 안 되는 돈에 장기 융자를 더해 4만 5천 평쯤 되는 넓은 땅을 인수할 수 있었다. 돈 문제가 쉼 없이 생겨나는 바람에 무차초스는 다름 아닌 재정 분야에서 그때그때마다 좋은 생각을 해내고 그것을 바로 현실로 옮기는 놀라운 능력을 발전시킬 수 있었는데, 이 점은 오늘날도 마찬가지다.

빠른 건설

오래된 포도 농장은 몇십 년 전부터 별명을 가지고 있었는데, 그 별명이 뒷날 어린이 나라의 수도 이름이 되었다. 벤 포스타 (Ben Posta), 말 그대로 '위치가 좋다.'는 뜻이다.

농장에 딸린 집은 포도 농장 전체와 견주면 크기가 작은 편이라, 몇 사람밖에 살 수 없었다. 서둘러 천막을 마련하여 모자라는

에스파냐 북서부에 자리잡고 있는 갈리시아 지방은 라 코루냐, 루고, 오렌세, 폰테베드라, 이 네 개 주로 이루어져 있다. 멀리 평평하게 펼쳐진 고원 지대는 편암과 화강암으로 이루어져 있다. 이 고원 지대를 둘러싸고 있는 산맥들은 높이가 해발 500미터에서 1000미터 사이이다.

몇몇 지역은 에스파냐에서 비가 가장 많이 오는 곳으로, 쓸모없는 땅이 되었다. 오렌세
시에서 7킬로미터 떨어져 있는 옛 포도 농장의 언덕에, 세계에서 하나뿐인 어린이 나라
의 수도 벤포스타가 자리잡고 있다.

건물을 대신했다. 아이들이 농장으로 옮겨 오면서 비게 된 실바 신부 부모의 집에는 작업장이 만들어졌다. 경험 많은 일꾼들이 생산 부문들을 하나씩 맡아서 이끌었다. 농장 터에서 가장 높은 언덕에 있는 커다란 헛간은 양계장으로 바뀌었다(오늘날에는 이곳이 자동차 정비소로 쓰인다). 무차초스는 닭 3만 마리를 키워, 자기들이 일요일에 먹을 달걀을 얻는 것은 물론, 달걀과 질 좋은 닭고기를 오렌세 시장에 내다 팔기도 했다.

아이들과 친구가 된 젊은 건축가 디오니시오 에르난데스 힐(Dionysio Hernández Gil)의 지도 아래 첫 건물들이 설계되고 공사가 시작되었다. 나중에는 마드리드 출신의 이름난 청년 건축가이자 디자이너인 알베르토 무니스 산체스(Alberto Muñiz Sanchez)도 에르난데스 힐과 함께 이 작업을 이끌었다. 학생과 선생, 일꾼과 작업장 책임자 할 것 없이 벤포스타의 모든 주민들은 자기들만의 도시를 꿈꾸며 열성을 다해 건설 현장에서 일했다. 몇 해 뒤에는 오렌세에 있던 작업장도 벤포스타로 옮길 수 있었다. 작업장을 옮기면서 다시 비게 된 산 프란치스코 거리의 실바 부모 집에는 인쇄소와 수영장, 청소년 클럽이 들어섰다. 이즈음부터 벤포스타 도시를 건설하는 일이 한결 빨라졌다. 두 해 뒤, 숙소로 쓰던 천막집은 건축 자재 창고로 쓰이다가 나중에는 완전히 사라졌다. 그 자리에 큰 건물들이 처음으로 들어서 침실과 교실, 거기에 총회를 열 수 있는 회의장까지 갖추게 되었다. 원래부터 있던 낡은 농가는 시청과 관리 사무소 일을 보는 곳이 되었다.

셀라노바 학교

벤포스타에서 28킬로미터쯤 떨어진 포르투갈 국경 근처에 셀라노바(Celanova)라는 작은 도시가 있는데, 이 도시의 마요르 광장에는 일찍이 936년에 세운 유명한 베네딕트회 수도원이 자리 잡고 있다. 교회 정면, 수도원 안뜰을 둘러싼 회랑, 도서관, 널빤지를 대고 그 위에 조각을 새겨 장식한 계단실, 엄청나게 넓은 부엌 따위는 건축 분야의 귀중한 유물이다.

이 수도원 시설들 가운데서 그때까지도 제 구실을 하고 있는 것은 오로지 수도원 학교뿐이었다. 하지만 교실들은 초라하기 그지없었으며, 아이들을 가르치기에는 힘이 부칠 것만 같은 노인 수도사 몇 명이 936년부터 써 오던 교육 방법으로 순박한 마을 어린이들을 '올바른 마음'으로 교육하고자 애쓰고 있었다.

셀라노바 시는 실바 신부에게 이 학교를 고쳐 운영하면서 수도원 시설도 쓰지 않겠느냐고 물어 왔다.

무차초스는 총회를 열어, 셀라노바 학교를 '어린이 나라'에 편입시키기로 결정했다. 셀라노바의 일반 아이들도 이 학교를 다니기 때문에 셀라노바 시가 학교 운영비를 나누어 내고 있었다. 그러나 시에서 내놓는 돈은 학교 1년 운영비의 12분의 1밖에 안 된다. 따라서 셀라노바 학교 예산의 대부분을 소년들의 도시가 대야 한다.

오늘날 이 유서 깊은 수도원에서는 여섯 살에서 열두 살까지의 사내아이 4백 명이 살고 있다.

벤포스타에서 28킬로미터 떨어진 셀라노바 시에 일찍이 936년에 세워진 베네딕트회 수도원이 있는데, 무차초스가 이 수도원을 학교로 고쳐 쓴다. 이 오래된 수도원의 안뜰에 곧 원예 학교가 들어설 예정이다.

로카스 수도원

폰페라다(Ponferrada) 쪽으로 난 국도 옆, 사람의 발길이 거의 닿지 않는 곳으로 벤포스타에서 18킬로미터쯤 떨어진 데에 산 페드로 데 로카스(San Pedro de Rocas) 수도원이 있다. 언제 무너질지 모를 만큼 오래된 수도원이다. 천장은 내려앉고, 못으로 단단히 고정되어 있지 않은 것은 도둑들이 다 가져가고 없다.

무차초스는 이미 오래전에 오렌세 시에 거의 폐허가 되다시피 한 이 건물을 고쳐서 쓰면 안 되겠냐고 물어 본 적이 있었다. 1964년 무차초스는 마침내 오렌세 시로부터 승인을 얻어, 고즈넉한 바위산 속에 자리 잡고 있는 이 수도원을 되살리기 시작했다. 요즘 산 페드로 데 로카스 수도원에는 조용히 공부하면서 '큰 모험'을 준비하는 소년들이 늘 몇 명씩은 머물고 있다. 큰 모험이 무엇인지는 나중에 얘기하겠다.

벤포스타 출신 대학생들

아이들은 에스파냐의 수도에 어린이 공화국 지부를 세우려고 마드리드 시내 메히아 레케리카(Mejia Lequerica) 17번지에 있는 낡은 건물 한 층을 세냈다. 이곳은 무엇보다도 마드리드에서 상급 학교 공부를 하는 무차초스 1세대의 숙소로 쓰인다. 또한 이곳에서 어린이 공화국에 관심 있는 아이와 부모들의 상담소 구실을 하는 정보 사무실도 운영하게 되었다. 살라망카(Salamanca)에서 신학을 공부하는 벤포스타 출신 학생들과 비고(Vigo) 공과 대학에

벤포스타에서 18킬로미터 떨어진 산속에 6세기에 지어진 산 페드로 데 로카스 수도원이 있다. 1964년 무차초스는 심하게 부서진 이 수도원을 되살리기 시작했다. 사진은 수도원에 딸린 묘지.

서 공부하는 학생들을 위해서는 살라망카와 비고에 따로 숙소가
마련되었다.

바닷가에 휴양지를

'어린이 나라'는 폰테베드라(Pontevedra) 지방의 아레아스
(Areas)에 있는 작은 땅을 선물 받게 되었다. 마침 그 땅이 바닷가
가까이에 있는 데다 벤포스타에서 120킬로미터만 가면 나오므로
거기에 휴양지를 만들었는데, 덕분에 150명쯤 되는 아이들이 한
꺼번에 대서양 바닷가에서 휴가를 보낼 수 있다.

벤포스타의 주민 수가 꾸준히 늘고 있고 앞으로도 늘 것이 분명
하기 때문에 무차초스는 또 다른 데에 도시를 세우기로 계획했다.

무차초스 서커스단

벤포스타 국제 서커스 학교와 이 학교에서 생겨난 무차초스 서
커스단은 아주 독특한 역사를 지니고 있다. 무차초스 서커스단은
어린이 공화국의 발전 과정에서 가장 특이한 대목이라 할 수 있
다. 에스파냐의 많은 아이들은 서커스로 해서 무차초스와 어린이
나라에 대해 알게 되었다. 어린이 서커스단을 만듦으로써 실바는
가장 확실하게 어린이 공화국을 알릴 수 있었다.

무차초스 서커스단의 공연이 열리는 곳 어디서나, 무차초스의
서커스에 넋을 잃은 어린 관객들이 이 서커스단을 따라 어린이 나
라로 갈 수 있게 허락해 달라고 부모님에게 졸라 대는 일이 벌어

지곤 했다. 많은 어린이들이 오렌세행 차표를 얻어 내려고 부모님을 상대로 길고 괴로운 싸움을 했다.

외국 초청 공연과 순회공연은 방금 말한 까닭 때문에 벤포스타의 숙박 시설 문제가 불거지게 했다. 프랑스, 스위스, 벨기에, 독일 따위 여러 나라 아이들이 어린이 공화국으로 몰려왔다. 오늘날 아이들의 도시들에는 태어난 나라(스무 나라 남짓)도 다르고 집안 형편도 저마다 다른 사내아이들이 2천 명쯤 살고 있다.

에스파냐에만?

벤포스타가 워낙 빠르게 발전하다 보니, 날마다 새로운 계획을 세우고 사업을 해내야 한다. 얼마 전에는 외국에 처음으로 소년들의 도시가 만들어지기도 했다. 1971년 크리스마스에 무차초스 서커스단이 벨기에 브뤼셀의 커다란 체육관인 포레 나시오날(Forêt National)에서 초청 공연을 갖고 난 뒤 '브뤼셀 어린이 나라'가 생겨난 것이다. 1956년 오렌세에서 그랬듯이 '브뤼셀 어린이 나라'의 창건자도 열다섯 명의 소년이었다. 벤포스타에서 오랫동안 산 열두 살짜리 벨기에 아이가 시장이 되었다.

헤수스 실바 멘데스

우리는 6세기에 지어진 산 페드로 데 로카스 수도원에서 실바 신부를 만났다. 실바 신부는 오르기 어려운 험한 산속에 있는 이 수도원을 좋아한다. 산이 어찌나 웅장한지, 이 작은 수도원을 짓누르다시피 하고 있었다. 먼 옛날 수도사들은 바위를 뚫어서 승방을 만들었기 때문에 위에서 아래로 수직으로 난 길을 통해서만 드나들 수 있었다. 나중에 수도사들은 예배당에 좀 더 수월하게 드나들려고 바깥벽을 헐어 냈다. 15세기에는 이 수도원에 묘지가 덧붙여졌는데, 묘지는 단단한 돌담에 둘러싸여 바깥세상으로부터 단절되어 있었다. 실바는 중세에 '새로 지어진' 이 건축물을 좋아하지 않는다. 실바 신부는 수도원을 원래 모습으로 되돌리고 싶어한다. 그저 실바 신부 자기 눈에 맞게 아름답게 만들고 싶어 해서만은 아니다. 실바 신부가 보기에, 단단한 돌담은 사람의 마음 앞에 쳐 놓은 울타리이며, 그 울타리가 신앙의 본질로 통하는 길을 가로막고 있다. 실바 신부의 신앙은 증오와 전쟁으로부터 세상을

"나는 벤포스타가 완성될까 봐 걱정입니다. 벤포스타는 언제나 변화해야 살아 있을 수 있거든요."

구원한다는 원시 기독교 사상에서 힘을 얻는다.

우리가 벤포스타 주민의 안내를 받아 수도원으로 올라가고 있을 때, 멀리서 실바 목소리가 들렸다. 실바의 목소리는 몹시 흥분한 듯이 들리다가 분명하게 딱딱 끊어지는가 싶더니, 아이들의 물음에 편안하게 대답을 할 때는 곧바로 차분해졌다. 그러나 어느새 실바의 목소리는 뭔가를 호소하고 요구하고 재촉하는 듯 다시 카랑카랑해졌다. 실바의 목소리는 메아리가 되어, 삐죽삐죽 솟은 바위들 사이로 사라지곤 했다. 우리가 수도원 담장에 걸터앉자, 우리의 안내인인 호세 바레아가 실바가 하는 말을 나지막한 소리로 통역해 주었다.

실바 신부는 아이들에게 세상에 대해, 세상을 지배하는 불의에 대해, 초기 기독교인들과 순교자들이 피를 흘리며 쓰러져 가는 수난 속에서 보여 주었던 박애에 대해 이야기했다. 실바 신부는 처참한 조건 속에서 살 수밖에 없는 아이들, 용기 있는 사람들의 도움과 이웃 사랑에 의지하고 있는 세계 곳곳의 아이들에 대해 이야기했다. 이곳 로카스 수도원에서 아이들은 수학이나 외국어를 배우지 않는다. 아이들은 한 사람 한 사람의 평화를 지키기 위해 싸워야 한다는 사실을 배우고, 자기들이 벤포스타의 사절로서 이 사명을 온 세상에 전하기 위해 부름 받았다는 것을 배운다.

여덟 명에서 열 명쯤 되는 사내아이들이 집단을 이루어 석 달 동안 로카스 수도원에서 고독한 생활을 한다. 실바 신부는 이 작은 공동체에게 세상을 변화시켜야 한다는 자기 생각을 효과 있게 가르치고자 일부러 산 페드로 데 로카스라는, 조용히 수도하기에 알맞은 곳을 골랐다. 실바는 우리에게 인사를 건네고 나서 이 고장의 역사를 설명했는데, 설명을 하다 말고 사이사이에 새로운 계획에 대해 이야기하곤 했다. 실바 신부가 다른 곳 아닌 이 수도원에서 '자기 자신과 세상과의 관계'에 대해 이야기할 때의 분위기를 이해하려면, 갈리시아 지방의 풍경을 한 번쯤 보아야 하며 산 페드로 데 로카스 둘레의 산골짜기들이 뿜어내는 신비한 매력을 마주해야만 한다. 성직자, 교육자, 서커스 단장. 이 모든 것을 실바는 아무런 모순 없이 자기 안에서 하나로 결합시키고 있다.

실바는 에스파냐의 유명한 서커스 집안 출신이다. 페이호-카스티야(Feijoo-Castilla)라는 이름은 부시(Busch)나 바넘(Barnum)처럼 세계에 널리 알려져 있다. 실바는 청년 사제로서 오랫동안 에스파냐의 모든 서커스단을 돌보았다. 실바가 서커스장에서 집전하는 미사는 많은 사람들을 감동시켰다. 실바 또한 밧줄 위에서 균형을 잡는 법이며 달리는 말 잔등 위에서 묘기를 부리는 법, 손으로 땅을 짚고 걷는 법을 배웠다. 하지만 무엇보다 좋아하는 것은 어릿광대. 실바는 어릿광대들을 유달리 좋아해서, 요즘도 어릿광대들과 함께 무대에 서는 것을 무척 즐거워한다.

"내가 보기에 서커스 공연은 우리가 하느님께 드릴 수 있는 기도 가운데 가장 아름다운 기도입니다."

실바 신부의 말이다.

소년들의 도시를 세우는 것이 실바 신부에게는 기독교인의 의

무를 다하는 일이었다. 그이는 자기 나라에서 아이들이 겪는 궁핍과 가난을 보았고, 사회가 아이들을 동반자로 여기지 않는다는 것을 알고 있었다. 아이들은 '너희들이 바라는 게 무엇이냐?'는 질문을 미처 받아 보지도 못한 채 일찍감치 불완전한 사회 질서에 따라야 한다는 사실을 그이는 깨달았다.

실바 신부의 생각에 따르면, 좀 더 나은 세상, 좀 더 정의롭고 평화로운 세상을 만들 수 있는 존재는 아이들뿐이다. 따라서 그이는 아이들에게 새로운 사회 행동 방식을 연습시키고 학교에서 가르치는 지식을 가장 효과 높게 전달함으로써, 반드시 필요한 변화를 추구하는 일에 아이들이 직접 참여할 수 있도록 아이들 손에 무기를 쥐어 주어야 한다고 생각했다. 하지만 그렇게 하려면 지금까지 해 온 학교 교육이나 가정 교육으로는 안 되고, 아이들이 손수 집을 짓고 살면서 스스로 관리하는 어린이 나라를 세워야만 한다.

아이들의 자발성과 상상을 믿는 어른은 드물다. 아이들의 자발성과 상상을 진지하게 받아들이고 일찍부터 아이들에게 책임을 맡길 만한 용기를 지닌 어른들이란 무척 적다. 실바 신부는 그런 용기를 지닌 사람이었고, 벤포스타가 1956년부터 걸어온 발전의 역사는 실바의 결정이 옳았다는 것을 증명하고 있다.

갈리시아 산속의 꿈, 산 에스테반 수도원

실바는 우리를 차에 태우고서 산길을 15킬로미터나 달렸는데, 그 길은 원래 바퀴 두 개짜리 손수레나 겨우 다닐 수 있는 길이다.

실바는 우리에게 산 에스테반(San Esteban)을 보여 주고 싶다고
했다. 우리가 사고를 당하지 않고 무사히 목적지에 닿은 것은 기
적에 가까웠다. 산타 크리스티나라는 작은 마을에 들어서니, 마
치 중세로 잠깐 소풍을 나온 듯한 느낌이 들었다. 곳곳에 갈리시
아 지방 특유의 가늘고 긴 돌집들이 있는데, 돌로 만든 관처럼 보
이는 그 집들은 옥수수 저장소로 쓰였다. 실바는 구멍가게에서 자
질구레한 물건 몇 가지를 샀다. 마을 사람들은 실바 신부를 잘 알
고 있는 모양이었다. 많은 사람들이 웃음 띤 얼굴로 손을 흔들면
서 실바에게 달려왔다. 모두들 경쟁이라도 하듯이 앞다투어 실바

에게 몰려드는 것이었다. 실바는 갈리시아 지방에서도 이 산속에서만 쓰는 사투리인 갈리시아 말(Gallego)로 그 사람들과 이야기를 나누었다.

　실 강 골짜기 위 거친 땅에 베네딕트회 수도원인 산 에스테반데 리바스 델 실(San Esteban de Ribas del Sil)이 있었다. 이 수도원의 역사는 6세기로 거슬러 올라간다. 수도원 교회 옆에 옛날 수도원 건물이 서 있는데, 이 건축물에서 남아 있는 것이라고는 안뜰을 둘러싼 회랑 세 면과 바깥벽뿐이다. 햇살이 마치 탐조등처럼 휑한 창 구멍으로 뻗쳐 들어오고 있었다. 풀이 우거진 수도원터를 보면서 실바는 폐허가 된 이 수도원에서 무차초스 서커스단을 등장시켜 영화를 찍겠다는 구상을 펼쳐 보였다. 실바가 자기가 생각하고 있는 영화의 장면 장면을 어찌나 생생하게 우리에게 그려 보이는지, 그네식 철봉이 공중으로 날아다니고 말들이 뛰어 들어오는 게 눈에 보이는 듯하며, 훌륭한 묘기에 감동한 관객들이 '브라보, 무차초스!'를 외치는 소리가 들려올 것만 같았다. 겨우 세 시간 전에 산 페드로 데 로카스 수도원에서 세상을 바꾸어 내야 한다고 힘주어 말하던 사람이 바로 이 사람이라는 사실이 믿어지지 않았다. 그러나 실바에게는, 이런 두 가지 전혀 다른 모습이 서로 뗄 수 없게 하나가 되어 있다.

현실주의자일까 몽상가일까?

오렌세 행정 당국은 무차초스에게는 무슨 일이라도 믿고 맡길 수 있으며 기대한 만큼 만족할 수 있다는 사실을 알고 있었다. 특히 오래된 문화유산을 훌륭하게 되살려 놓는 일을 맡기는 데에는 무차초스가 꼭 알맞다는 것을 알고 있었다. 그래서 오렌세 행정 당국은 산 에스테반 수도원도 무차초스에게 맡기고 싶어했지만, 무차초스에게는 건물에 지붕을 얹고 풀이 우거진 바닥에 돌을 깔 돈이 없다. 이 건물을 알맞은 쓰임새에 쓰려 한다면 관료들을 움직여서 이 건축물에 새 생명을 주어야 할지도 모른다. 이 건물은 중세 때 이름난 미술 학교였다고 한다.

'무차초스가 산 에스테반을 어떻게 쓰면 좋을지'를 실바는 벌써

부터 아주 또렷하게 알고 있었다. 산 에스테반에 남녀 아이들이 똑같은 권리를 누리며 생활하고 일하며 자기 삶에 대해 스스로 결정 내리는 법을 배울 수 있는 어린이 도시를 세워야 한다는 것이 실바의 생각이다.

나중에 우리는 실바와 벤포스타의 클럽에 마주 앉아 이야기를 나누었다. 실바는 아주 차분하게 벤포스타에 대해 이야기했다. 하지만 실바는 이 도시를 처음 세울 때의 사정을 묻는 질문은 좋아하지 않았다. 그것은 더는 흥미를 끌지 못하는 과거일 뿐이라며.

실바는 현실주의자일까 몽상가일까? 실바는 현실이 꿈보다 훨씬 아름답다고 말한다. 현실이 꿈보다 더 중요하기 때문이란다. '오물에 무릎까지 빠지는 한이 있더라도' 현실을 아름답게 마주할 마음이 되어 있는 사람만이 꿈을 꿀 권리가 있다고 생각한다.

중요한 것은 미래이다. 다른 말로 하자면 지금까지 애써 온 것이 어떤 열매를 맺느냐가 중요하다는 것이다. 벤포스타는 현실이다. 무차초스에게 벤포스타는 딛고 서서 마음껏 소리칠 수 있는 '연단'이다. 실바와 이야기하다 보면 '소리친다'는 말을 되풀이해 듣곤 한다. 이 말은 실바와 무차초스가 추구하는 평화로운 혁명의 외침, 사람들의 마음에 가 닿는 외침을 뜻한다.

기독교는 실바에게 감상에 빠진 말들을 늘어놓지 못한다. 실바에게 기독교는 투쟁을 뜻한다. 모든 권력을 단호하게 거부하는 것이 이 투쟁의 수단이다. 실바는 세상과 사회의 현재 모습 때문에 괴로워한다. 그리고 아이들이 굳이 나서서 이 고통을 체험하고 나누기를 바란다. 그리하여 세상을 변화시키는 데 자기들이 동참해야 하는 까닭을 이해하기 바란다. 아이들에게 세상의 잘못된 모습을 보여 주되, 미래의 가능성을 위해 희망을 갖고 노력하는 것, 이것이 실바의 교육 방침이다.

실바가 수없이 많은 문제들에 마음을 쓰는 것을 보면, 그저 놀라울 따름이었다. 무슨 얘기냐 하면, 우리가 실바와 앉아서 이야기를 나누는 사이에도 아이들이 우리가 나누는 얘기보다 당연히 훨씬 '중요한' 질문거리들을 가지고 시도 때도 없이 실바를 찾아왔다. 새로 우물을 파는 데 어려움이 있다느니, 말타기 곡예를 하는 서커스 단원들이 내일 비고에서 열리는 투우를 보러 가려면 버스가 필요하다느니 하는 문제들이었다. 또 여섯 살배기 훌리오는 바닷가에서 아주 멋진 조개를 주웠다며 신부님이 무조건 그것을 봐 주어야 한다고 들고 왔다.

실바는 아이들의 말 하나하나에 귀를 기울였다. 무슨 문제가 되었든, 실바는 아이들에게 자기들 이야기를 마음껏 하게 했다. 그리고 아이들은 자기 얘기가 실바에게 잘 전해졌다고 느끼는 것 같았다.

아이들은 무슨 문제가 생기든 실바에게 도움말을 구하는 것일까? 보통은 그렇지 않다. 하지만 아이들은 실바가 자기들을 앞으로 나아가게 하는 '추진기'라는 점을 머리로 알고 가슴으로 느낀다. 아이들은 실바 신부가 자기들에게 무엇인가를 요구하게 하고, 자기들이 그 요구를 감당할 수 있을 만큼 컸다는 것을 보여 주며 자랑스러워 한다. 이 어린이 나라에서 아이들에게 무엇인가를 요구할 수 있는 특권을 누리는 어른은 실바 한 사람밖에 없다. 이런 특권은 아마도 실바가 자기들에게 관심을 보이고 자기들을 인정해 준 것에 대해 아이들 쪽에서 한 보답일 것이다. 아이들은 벤포스타에 오기 전에는 그런 인정을 받아 본 적이 없었다. 그래서 아이들은 실바를 해방자로 본다. 타성에 젖은 교육과 최악이라고 할 만한 궁핍에서 벗어나게 해 준 사람 말이다.

벤포스타는 모든 것이 불완전하고 발전 과정에 있으며, 모든 것이 변화를 목표로 삼고 있다. 그렇기 때문에 아이들은 공동체가 자기들을 끊임없이 새로운 과제 앞에 서게 한다는 사실을 분명하게 알고 있다. 서로 대화를 나누다가 우연히 나온 이야기를 새로운 주제로 해서 서로 의논하는 경우도 심심치 않게 있다. 계획 하나가 떠오르면 총회에서 얼거리를 잡고 일을 추진할 모둠을 짜고 책임을 나누어 맡는다. 그러고 나면 곧 또다시 새로운 과제에 매달린다. 일을 진행하는 과정에서 길을 잘못 들거나 뜻하지 않은 일에 부딪히거나 돈을 걱정해야 하면, 다 함께 문제를 풀어 간다.

실바는 '완성된' 벤포스타는 상상할 수도 없고 상상하고 싶지도 않다고 한다. 실바는 벤포스타가 완성될까 봐 걱정한다. 완성이란 움직임이 멈추는 것이며 틀 속에 갇히는 것을 뜻하기 때문이다. 어린이 나라는 완성된 상태로 다음 세대에 넘겨 줄 수 있는 건물이 아니다!

오물에 무릎까지 빠지는 한이 있어도

사제로서 실바는 모든 국가 기관을 비롯하여 종교 기관과 접촉하는 '대외 창구' 구실을 한다. 실바는 우리가 흔히 보는 판에 박힌 카톨릭 사제가 아니다. 그 사람은 신분에 크게 얽매이지 않고 보통 사제들보다 자유롭게 생활하고 행동한다. 면 바지에 검정 가죽 점퍼를 입고도 얼마든지 하느님의 말씀을 전할 수 있다는 것이 실바의 생각이다.

실바는 많은 입양 계약으로 에스파냐 정부의 큰 걱정을 덜어 주고 있지만, 공공 기관과 실바(그리고 무차초스) 사이의 교류는 고작해야 새해 인사를 주고 받는 것에 그친다. 자기가 맡은 아이들의 이익을 한 치도 양보하지 않고 옹호하는 사람이 정부 쪽에서 보면 편한 대화 상대일 리 없다. 에스파냐 당국이 아이들의 도시에 여러 가지 특혜를 주는 것도 아마 이런 까닭 때문일 것이다.

실바는 어린이 공화국의 행정에 직접 관여하지 않고 조심스레 뒤로 물러나 있다. 아이들에게 자치의 기회를 한껏 보장해 주기 위해서이다. 지금 이 공화국을 책임지고 있는 사람은 대통령인 에밀리오 시드 코르티소(Emilio Cid Cortizo)이다. 코르티소는 오랫동안 실바의 비서로 일해 오다가 열일곱 살에 무차초스 서커스단의 초대 단장이 되었는데 세계에서 가장 어린 서커스 단장이라는 기록을 남겼다. 코르티소는 적지 않은 국가 자산을 맡아, 재정 장관들과 함께 예산안에 대해 결정을 내린다. 많은 돈이 들어가는 큰 계획에 대해서는 실바 신부, 그리고 실바의 형이자 어린이 공화국의 법률 고문인 호세 마누엘 멘데스(José Manuel Méndez) 변호사와 미리 의논을 한다.

그 사이에 실바는 다른 과제들에 전념할 수 있다. 실바는 바르셀로나에 어린이 도시를 세우고, 런던에 새로 서커스 천막을 설치하느라 바쁘게 뛰어다니고, 아레아스의 여름 캠프에서 어린아이들을 가르치고, 파리로 가서 서커스 매니지먼트사와 다음 순회 공연 일정을 확정하고, 살라망카나 사모라(Zamora), 비고 따위에 있는 벤포스타 지부들을 방문하고, 늘 모자란 돈을 어떻게 해 보려고 마드리드에서 각료들과 교섭을 벌인다.

2천 명의 주민이 딸린 나라가 창건자들이 그곳에 늘 함께 있지 않는데도 살아서 계속 굴러간다는 사실은 이념의 힘을 입증해 준다. 사람들이 실바에게 서커스 감독과 성직자, 철공, 화가, 교육자 가운데 어떤 것이 먼저냐고 물으면, 돌아오는 대답은 이렇다. "나는 사제일 뿐 그 이상도 이하도 아닙니다."

실바는, 자기의 체계를 특징만으로 나타내거나 분류하는 말들을 거부한다. 예컨대 사람들이 서랍을 칸칸이 나누어 놓고 실바를 '반권위주의 교육'이라는 칸에 넣고자 하든가 그 비슷한 딱지를 붙이는 것을 좋아하지 않는다. 어린이 나라에서 어른들이 하는 일은 일반 사회에서 어른들이 하는 구실과는 뿌리부터 다르다. 여기에서는 학생과 교사가 사회적으로나 경제적으로나 동등하기 때문이다.

실바와 무차초스는 권위를 조금도 중요하게 여기지 않는다. 이 사람들에게 중요한 것은 아이들이 스스로 자기 문제를 결정하고 풀어 가는 것이다. 그러려면 아이들이 되도록 일찍 경제 독립을 이루는 것이 무엇보다 필요하다. 아이들은 부모에게 매인 채 자라서는 안 되며, 전통대로라면 넘기 힘든 벽인 식구들 사이의 위계질서에도 뚜렷한 의식을 갖고 맞서야 한다. 실바는 이 과정에서 어쩔 수 없이 생기는 긴장을 아이들의 이익을 위해 묵묵히 견디며, 부모들과의 다툼은 혼자 맡아 풀어 보려고 애쓴다.

무차초스와 이 아이들의 본보기 인물과의 관계를 연결해 주는 끈은 바로 우정이다. 실바는 자기가 할 각오가 되어 있지 않은 일은 아이들에게 결코 요구하지 않는다. 지친 아이들을 격려하기 위해서라면 '오물에 무릎까지 빠지는 한이 있어도' 반드시 손을 내민다.

수도 벤포스타

오렌세에서 525번 국도를 따라 남쪽으로 7킬로미터쯤 내려간 곳에서 무차초스는 벌이가 꽤 잘되는 주유소를 운영하고 있다. 주유소에 걸려 있는 현수막들은 아이들의 도시를 방문해 보라고 권하고 있다. 주유소를 지나 300미터쯤 더 달리면 국도에서 갈라지는 아스팔트 길이 나오는데, 떡갈나무와 소나무가 섞인 숲 사이로 난 길을 따라가면 이 나라의 정식 국경 관문이 나온다. 높다란 아치형 문 앞에는 차가 드나드는 것을 제한하는 차단기와 국경 초소가 있다. 아치형 문은 이 나라의 상징을 담고 있는데, 동그라미를 조금 변형한 활 모양의 M자(무차초스의 머릿글자)가 멋스럽게 그려진 평화의 비둘기와 조화를 이루고 있는 모습이다.

국경 통과 절차는 퍽 까다로웠다. 열두 살인 '국경 경비원'이 우리에게 입국 목적을 물어서 확인하고 비자를 만들어 준 다음 수수료를 받더니, 시청에 전화를 걸어 우리의 입국 사실을 알렸다. 그러고 나서야 차단기가 올라갔다. 우리는 차를 몰고 플라타너스 나

무가 선 길을 따라 어린이 공화국으로 들어갔는데, 길가에 이 작은 다민족 국가 구성원들의 출신국 국기가 죽 늘어서 있었다.

우리를 맞이한 시장님

시청 앞에서 팔에 완장을 찬 소년이 우리를 맞았다. 완장은 파란 바탕에 하얀 P자가 쓰여 있는데, P자는 경찰(policiá)을 뜻한다. 소년은 우리를 스무 살 난 청년 시장 로메로 마사스 빌라(Romero Massas Vila)에게 안내했다. 시장은 꽤나 권위를 누리고 있는 것 같아 보였다. 시장은 우리를 따뜻하게 맞이하고, 우리에게 어린 안

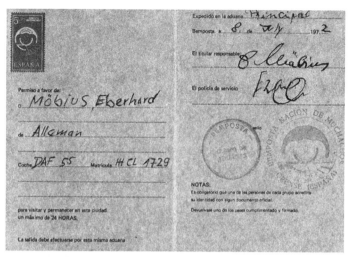

모든 방문객은 벤포스타 국경 초소에서 24시간 동안 쓸 수 있는 입국 비자를 사야 한다.
값은 15페세타.

내인 하나를 붙여 주었다. 이 안내인은 에스파냐 말밖에 할 줄 몰랐지만, 어린이 나라에서는 누구나 연필과 종이, 몸짓으로 대화를 나누는 데 금세 익숙해진다.

시청은 옛 포도 농장에 딸려 있던 낡은 농가로, 다듬지 않은 자연석을 짜맞춰 지은 건물이다. 건물 2층에는 행정 사무실들과 경찰서, '어린이 나라' 대통령과 시장의 집무실이 있고, 1층에는 옷을 만드는 재봉실과 저장실이 여러 개 있다.

벤포스타 은행

플라타너스 나무 그늘 아래 있는 자그마한 건물이 알고 보니 은행이었다. 건물 밖에는 네 나라 말로 '환전소'라고 적힌 간판이 서 있다. 이 은행에는 세계에서 가장 희귀한 화폐 가운데 하나인 벤포스타 코로나(Corona)가 있다. 열여섯 살 난 은행장이 손수 방문객들에게 세계 여러 나라의 화폐를 코로나로 바꿔 준다(1972년에는 1코로나가 3페세타). 코로나가 있어야만 이 도시에서 자질구레한 물건들을 살 수 있다.

중심가

시청 맞은편에 높이가 2.5미터, 넓이는 기껏해야 두 평 반쯤 되는 작은 집이 있는데, 우리 안내인의 말에 따르면 그 집이 그래 봬도 2층짜리 건물이라고 한다. 실바 신부가 사는 집이다.

거기서 조금 더 가자 제법 쇼윈도까지 갖춘 슈퍼마켓이 나왔다.

위는 은행, 아래는 어린이 나라의 화폐 코로나.

사제관. 실바 신부가 산다.

미겔 시푸엔테스(열다섯 살)는 슈퍼마켓의 책임자이자 구매 담당자다. 기본 식료품과 훈제 고기, 소시지, 음료수, 치약, 비누, 화장지, 속옷, 겉옷, 책, 연필, 공책, 장난감같이 무차초스의 생활에 필요한 물건들이 되도록 싼값에 공급된다. 도기류, 목각품, 가죽 제품 같이 벤포스타의 공장에서 만들어 내는 기념품들은 값이 꽤 비싼 편이다. 정부는 물가를 엄격하게 통제한다. 물건을 옮기는 짐차는 들고 날 때마다 시청에서 허가서를 받아야 한다.

말하자면 이 도시의 상업 중심지인 셈이다. 슈퍼마켓이라고 부를 만한지는 물건을 사는 사람이 스스로 판단하는 수밖에 없을 것 같다. 하지만 지금으로서는 이 슈퍼마켓이 벤포스타에 하나밖에 없는 가게로, 온갖 종류의 상품을 다 갖추어 놓고 있다. 관광객들을 위한 기념품도 여러 가지 팔고 있다. 어린이 공화국의 노래가 들어 있는 음반(무차초스가 파리에서 제작한 것)과 벤포스타라는 글자가 새겨진 도기류, 가죽 제품들이 기념품들 가운데 대표 상품

이다. 여행 기념품 진열대 바로 옆 선반에는 매트리스와 담요 같
은 침구가 있다.

　이 건물들은 거의가 오래지 않아 헐릴 것이다. 그 자리에 큰 식
당이 들어서기로 되어 있기 때문이다.

　이 도시의 한가운데 있는 안전 지대는 주민들의 저녁 모임 장
소다. 이곳은 벤포스타와 오렌세 사이를 오가는 벤포스타 버스의
종점이기도 하다. 2층짜리 시청 건물과 작은 예배당, 아직 건축이
끝나지 않은 상점들이 도시 한가운데의 광장을 에워싸고 있다. 상
점 짓는 일이 끝나면, 벤포스타의 공장에서 생산되는 제품과 수공
예품들을 진열하고 파는 '벤포스타 상가'가 들어설 것이다.

　우리는 이어서 '공장 지대'를 둘러보았다. 공장 지대에는 구두

와 가죽 제품을 생산하는 공장 건물들과 규모가 큰 전기 작업장, 도시에 전력을 공급하는 변전소, 도기 공장과 자동차 정비소가 있다. 벤포스타 언덕의 가장 높은 곳에는 목축장과 칸막이가 쳐진 마구간, 실내 승마장이 있다.

언덕의 다른 쪽에 있는 커다란 빵 공장은 국경선을 이루고 있다. 빵 공장 옆에는 철공소가 있는데 선반(旋盤)과 절단기, 천공기, 작업대를 갖추고 있다.

그 옆 공터에는 오래전 무차초스의 자랑거리인 대형 천막이 쳐져 있었는데, 그 천막에서 서커스 학교 수업을 했다고 한다. 안타깝게도 서커스 천막은 1970년에 완전히 불타 없어졌다(누전으로 불이 났다). 지금 이곳에는 공중 곡예를 연습하는 데 쓰는 기구들이 있고, 줄타기 곡예사가 되려는 아이들도 이곳을 연습장으로 쓰고 있다.

우리는 어린 안내인과 함께 중심가로 돌아왔다. 도시 한가운데에 벤포스타에 물을 공급하는 데 쓰이는 양수탑이 있는데, 무차초스는 이 탑을 전망대로 꾸며 놓고 '부에나 비스타(Buena Vista)', 곧 멋진 전망이라 부르며 자랑스러워 한다. 전망대에 오르면 벤포스타 전체가 한눈에 들어오고, 나뭇가지 사이로는 오렌세 시내도 보이는데, 오렌세의 현대식 상징물인 18층짜리 고층 건물 산 마르틴 호텔이 우뚝 서 있는 게 보인다. 여기서 7킬로미터쯤 떨어져 있다.

벤포스타는 국도에 이르기까지 전체가 완만한 경사를 이루고 있다. 국도 가까이에는 에스파냐의 시골집다운 호텔이 완공을 눈앞에 두고 있다. 이 벤포스타 호텔은 레스토랑과 스낵바, 수영장을 갖추어 놓고, 널찍한 방들에는 손님을 백 명쯤 들일 수 있게 될 것이다.

국도와 이웃해 있는 곳은 넓으면서 좀 평평한데 축구장과 핸드볼 경기장도 있다. 나중에 이곳에는 스위스 시골집 느낌이 드는 별장들도 세울 예정이다. 그 옆 빈터에는 공놀이를 위한 말뚝 울타리와 농구 골대가 서 있다.

1967년에는 큰 복합 건물 두 채를 지어, 벤포스타 주민들의 숙소로 쓰고 있다. 밝고 널찍한 침실들은 늘 그렇듯 이미 정원이 넘친 형편이다. 침실들 옆으로 교실들이 있다.

그 옆에는 장식을 거의 안 한 작은 예배실이 있다. 제단을 이루고 있는 묵직한 화강암판에 무차초스의 좌우명 '삶의 기쁨과 형제애'가 새겨져 있다. 보건실에는 일차 치료에 필요한 약품이 모두 갖추어져 있다. 회의실은 겨울철이나 날씨가 궂을 때 총회장으로 쓰이는 곳이다. 갈리시아 지방은 여름철에도 대서양에서 갑자기 비와 안개가 몰려오기 때문에 꼭 겨울이 아니더라도 회의실을 써야 하는 때가 자주 있다.

다른 한 채의 복합 건물은 오락실, 텔레비전 보는 방, 휴게실, 부엌, 셀프서비스 식당으로 이루어져 있다. 밥그릇과 물항아리, 접시, 컵 따위는 벤포스타의 도기 공장에서 만든 것들이다. 가구 공장과 목각 공예소, 창고도 이 건물에 들어 있다.

벤포스타에서는 늘 어디선가 건축 공사를 하고 있다. 위는 새로 짓고 있는 시청, 아래
는 새로 짓고 있는 상점들.

　아이들은 방문객들에게 자기들의 도시를 안내하는 것을 무척 좋아한다. 그러나 침실과 식당, 부엌은 방문객들이 드나들지 못하게 하는데, 이곳들은 자기들만의 공간으로 조금은 숨겨진 곳이다.

　그런데 벤포스타에 살고 있는 생물 하나만큼은 방문객들과 달리 아이들의 뒤를 졸졸 따라다니며 어디든 자유롭게 드나들 수 있다. 등에 혹이 하나 솟은 늠름한 낙타가 바로 그것이다. '마틸데

벤포스타에서 가장 큰 복합 건물에 침실과 세면장, 교실이 있다. 그 밖에 좋은 시설을 갖추고 간호사 한 명이 상근을 하는 보건실이 있고, 회의실과 작은 '교회' (작다고는 하지만 보통 예배당보다 크다)도 이 복합 건물에 들어 있다. 위에 있는 사진에서는 멀리 오렌세 시내가 보인다.

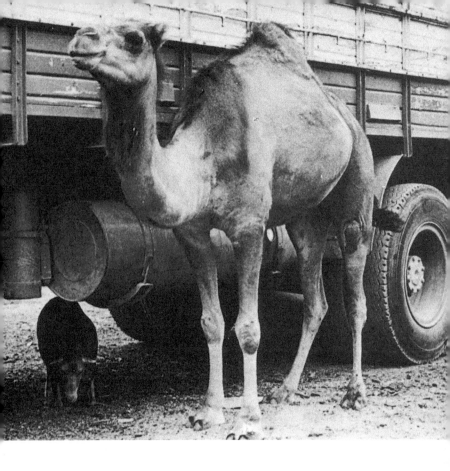

(Mathilde)'라는 이름의 이 낙타는 온종일 기품 있게 벤포스타를
돌아다니며 되는 대로 풀을 뜯어 먹는다. 마틸데는 오렌세 시가
동물원을 만들기로 했다가 겨우 동물 몇 마리만 있을 뿐 돈이 없
어서 계획을 그만두는 바람에 벤포스타로 오게 되었다.

　버스들이 모여 있는 곳을 보면 여기에 고물 버스 박물관이라도
세울 셈인가 하는 생각이 든다. 이 버스들은 서커스단이 초기에

공연을 다닐 때 쓰려고 싼값에 사들인 중고차들이다. 버스가 더는 움직일 수 없게 되자 그냥 빈터에 세워 놓았다. 나이 어린 꼬마들이 버스를 부수는 일이 무척 재미있는 놀이라는 것을 알게 된 뒤로 이 고물 버스들의 운명이 결정되었다. 나사를 돌려서 빼낼 것이 하나도 남지 않으면, 그제서야 꼬마들은 흥미를 잃고 버스를 형들에게 넘겨 준다. 그러면 형들은 그 고물차들을 뜯어 고쳐 공부방이나 헛간으로 만든다.

　무차초스는 초기에 이 도시의 주춧돌 노릇을 했던 고물 버스들을 이제 마지막으로 어디다 쓸지 아직 정하지 못했다. 어쨌든 이 고물 버스들은 무차초스 서커스단의 초창기 순회공연 시절을 떠올리게 하는 특별한 기념물로서 언젠가 영광스러운 자리를 차지하게 될 것이다.

국영 라디오 방송

　벤포스타를 방문하는 사람들은 도시를 둘러보는 동안 늘 음악을 듣게 된다. 플라타너스 나무들에 달아 놓은 확성기에서 인기 있는 노래들이 흘러나온다. 방문객들은 음악 사이사이에 벤포스타에 온 것을 환영하는 인사말을 네 나라 말로 듣게 된다.

　음악은 특별히 중요한 구실을 한다. 침실을 비롯한 모든 실내 공간에서 녹음기와 전축, 라디오가 서로 경쟁이라도 하는 것 같다.

　'국영 라디오 방송'은 알릴 거리가 있거나 누구에게 전화를 받으러 오라고 해야 할 때면 방송으로 그 일을 해치운다. 특별한 일이 있을 때는 확성기로 그때그때 새로운 정보를 방송한다. 아이들은 저마다 정해진 작업 시간과 공부 시간 말고는 도시 전체에 흩어져 있기 때문에, 이런 방송 시설은 무척 쓸모 있는 의사 소통 수단이다.

어린이 공화국의 유치원

어린 아이들의 숙소는 몹시 시끌벅적하다. 베르날 관(Villa Bernal)과 마리타 관(Villa Marita)은 어린이 공화국의 구경거리다. 에스파냐 정부가 실시하는 자격 시험을 통과한 유치원 보모 둘이 이곳에서 네 살에서 여섯 살까지의 아이들을 돌보고 있다. 명랑하고 쾌활한 사내아이들이 예순 명쯤 베르날 관과 마리타 관에서 살

네 살에서 여섯 살까지의 소년들은 국가 자격 시험을 통과한 유치원 보모 두 명이 함께 살면서 돌본다. 어린이들은 보모 메르세데스 부인을 마마차타(Mama Chata, 작은 엄마)라고 부른다.

고 있다. 아이들의 침실과 거실은 색색가지 그림으로 꾸며져 있으며 텔레비전 보는 방까지 있다.

값싼 레모네이드

무차초스의 쉼터이자 방문객들이 구경을 마치고 으레 들르는 곳이 여가 클럽이다. 엄청나게 큰 포도주통과 포도 압착기들은 이 집이 옛날에는 포도 농장이었다는 것을 말해 주면서 한편으로 무척 편안한 분위기를 자아낸다. 다듬지 않은 원목을 그대로 잘라 만든 바는 어찌나 높은지, 대여섯 살짜리 아이들이 음료수를 주문하려면 큰 형들의 도움을 받아야 할 것 같았다.

값은 오렌세보다 훨씬 싸다. 레모네이드 한 잔 값이 오렌세의 반값도 안 된다. 바구니처럼 엮어 만든 전등 갓 사이로 희미한 불빛이 새어 나온다. 연기로 검게 그을린 벽들은 금박 세공으로 장식되어 있고, 탁자 상판들은 갈리시아 농부들이 쓰는 수레의 살 없는 나무 바퀴로 만든 것들이다.

벤포스타에 있는 여섯 개의 우물 가운데 하나가 계산대 바로 옆에 있는데, 높이가 적당해서 나이에 상관 없이 모든 아이들이 맑은 물을 마실 수 있다.

방문객들은 여기서 코로나를 다 써 버리고 싶어도 그럴 수가 없다. 방문객에게 음료수를 대접하면서 새로 배운 외국어를 써 먹는 것을 즐거움으로 삼는 아이들이 줄을 잇기 때문이다.

어른들을 대하는 벤포스타 아이들의 태도에서는 남다른 자의식

오렌세의 실바 부모 집에 차린 클럽은 늘 손님들로 북적댄다. 이 클럽에는 여러 가지 공연을 할 수 있는 무대와 영화 상영 장비, 디스코텍이 딸린 바가 있다. 오렌세의 다른 곳에는 이런 시설이 없기 때문에, 모든 시설이 오렌세의 일반 청소년들에게도 개방되어 있다. 이 클럽에서 무차초스는 코로나로, 일반 손님들은 페세타로 셈을 치른다. 문을 닫는 시간은 벤포스타행 마지막 버스가 출발하는 시간에 맞추어 밤 10시 15분이다. 마지막 버스를 놓치는 사람은 7킬로미터 되는 거리를 걸어서 가야 한다!

이 느껴진다. 아이들은 방문객들을 보고 부끄러워하지는 않지만 그렇다고 마지못해서나, 속마음은 그렇지 않은데 겉으로만 친절한 척하지도 않는다. 방문객들 가운데는 아이들이 이 나라의 주민임을 자랑스럽고 만족스럽게 여기는 것을 보고 뜻밖이라는 표정을 짓는 사람도 있을 것이다. 국경 초소나 시청에서, 또는 이 클럽에서 아이들은 몇 번이고 방문객들의 똑같은 물음에 대답을 해야 하지만, 아무도 그걸 귀찮아하지 않는다. 자기들의 생활에 대해서나 태어난 곳, 장래 목표 따위를 묻는 질문들 말이다. 대답을 할 때 아이들의 목소리와 태도는 한결같이 편안하고 자연스럽다.

벤포스타를 한번 돌아보기만 하면, 벤포스타가 어른들 세계의 축소판이 아닐까 하는 의심은 사라진다. 벤포스타는, 조숙한 아이들이 시대에 뒤떨어지고 삶과 동떨어진 낡은 생각을 어른들로부터 이어받아 되풀이하는 성인 세계의 축소판이 아니라, 자기 나름의 궤도 위에서 스스로를 만들어 나가는 독립 조직이다.

여기에는 아이들의 상상을 불러일으킬 수 있는 것이 얼마든지 있고 아이들이 상상을 마음껏 펼칠 수 있으며, 모든 것이 아이들의 생활 감정에 맞추어져 있는 것으로 보인다. 아이들의 움츠린 창의력을 자극할 만한 모험 놀이나 공작 놀이를 할 장소가 모자란다고 고민할 필요가 없다. 여기서는 모든 것이 아이들의 상상을 북돋우며, 만들고 손질하고 고안하고 발견하는 즐거움을 한껏 맛보게 한다.

방문객들은 이곳에 오면 어디서도 맛보지 못한 자유를 만난다

벤포스타에 있는 여가 클럽은 밤에도 손님이 끊이지 않는다. 총회가 끝난 뒤 (밤 11시쯤) 늘 여기서 뒤풀이를 하기 때문이다. 라디오의 음악 방송이 끝나거나 아이들이 기타 연주를 할 수 없을 만큼 지쳤을 때가 문 닫는 시간이다.

는 느낌을 갖게 된다. 물론 다섯 살짜리 아이가 나중에 사회에 나가서 어떤 자리를 차지하게 되는지 여기서 결정되지는 않는다. 하지만 아이가 어른들에게 진지하게 받아들여지고, 어른들이 공동체 안의 동등한 동반자이자 조언자로서 아이 편이 되어 주고 있다는 점은 아이의 앞날에 본질적으로 중요한 영향을 미칠 것이다. 벤포스타는 아이들에게 어른으로 성장할 자유를 준다.

내가 벤포스타를 좋은 본보기의 하나라고 확실하게 말할 수 있는 근거는, 특별한 시설이나 겉으로 드러나는 어린이 나라의 흔치 않은 모습이 아니라 이곳에 사는 주민들의 편안한 행동과 강한 자의식이 묻어 나는 태도이다.

무엇을 허물고 짓고 하는 건축 현장들은 끊임없는 변화의 모습과 함께 즉흥으로 해 왔던 것들을 더 나은 방향으로 고치고 안정시키려는 노력을 보여 준다. 아이들의 도시가 진보하는 것은 변화를 강하게 요구받기 때문이다. 그리고 이것이 벤포스타에서 일어나는 유일한 강요이다.

보조금 없이 꾸려 가는 경제

어린이 공화국의 예산이 얼마인지 정확한 액수를 알 수는 없다. 무차초스 서커스단의 사업 계획서에는 실제로 가능한 수입보다는 이상에 가까워 보이는 수입 목표액이 기록되곤 한다. 그렇다 해도 이렇게 큰 조직을 유지하려면 틀림없이 꽤 많은 돈이 들 것이다*. 급료를 주어야 하는 사람은 쉰 명의 일꾼과 직원들, 그리고 쉰 명쯤의 교사만이 아니다. 학생들도 마찬가지로 보수를 받는다. 이 사람들이 받는 보수 가운데 많은 액수가 주거비와 식비로 국고에 되돌아오지만, 그래도 벤포스타 안에서 쓰이는 코로나 화폐로는 감당할 수 없는 지출이 많다.

어린이 공화국과 무차초스 서커스단이 공연을 하는 도시(어린이 공화국은 외국에서도 스스로 자기들의 슈퍼마켓을 운영한다)에서도 지불 수단은 코로나뿐이다. 아이들은 자기들의 도시 안에

---

*자료에 따르면 한 해 예산이 10억 원쯤 된다고 한다.

서나 '국경' 밖에서 물건을 살 수 있다. 바깥에서 무엇을 사려면 페세타(에스파냐의 화폐 단위)가 있어야 하는데, 다달이 정해진 금액 한도 안에서 코로나를 페세타로 바꿀 수 있다. 서커스단이 외국 초청 공연을 갈 때는 그 나라 화폐로 바꿀 수도 있다. 어려서부터 돈을 스스로 관리하다 보면 아이들은 자기가 경제 독립을 이루었다는 느낌을 갖게 되며, 학교에 다니면서도 자연스럽게 경제 문제에 관심을 갖게 된다.

벤포스타 안에서 상품을 생산하고 팔기도 하기 때문에 어린이 공화국의 사업은 보통 회사처럼 세금을 내야 하지만, 세금은 뜻밖으로 낮다. 에스파냐 당국이 어린이 공화국에서 운영하는 사업의 공익성을 충분히 인정하기 때문에 그럴 수 있다. 때때로 어려울 때 쓰라고 도움을 주는 개인 기부금을 빼면, 모든 예산이 사업을 운영해서 마련되는 셈이다. 보잘것 없는 국가 보조금(그것도 셀라노바에만 나온다!)은 사실상 아무런 구실도 하지 못한다. 그렇기 때문에 주민 한 사람 한 사람에게는 근검 절약하고 공화국의 수입을 늘리기 위해 애쓸 의무가 있다.

서커스단은 1966년에 만들어진 뒤로 줄곧 많은 돈을 벌어들이고 있다. 요 몇 년 동안 이 공화국이 확장할 수 있었던 것도 다 서커스단 덕분이다. 서커스단은 프랑스 매니지먼트 회사와 계약을 맺어 세계 곳곳에서 공연을 하게 되는데, 매니지먼트사와 손잡고 일하니 아이들은 순회공연 일정을 짜거나 공연을 유치하는 나라의 주최자들과 협상을 진행하고 일을 처리하는 따위의 번거로움을 덜 수 있다. 서커스단은 정해진 기간에 일정한 공연 횟수를 채울 의무가 있고, 그 대가로 장기 계약에 따라 고정 출연료를 꽤 많이 받는다. 그것 말고도 입장료 수입 가운데 얼마씩을 받는다.

주유소도 중요한 수입원의 하나다. 가솔린 가격은 에스파냐 전국 어디서나 똑같다. 석유류가 국가의 전매 품목이기 때문이다. 따라서 주유소의 경쟁력을 유지하는 데는 서비스가 무엇보다 중요하다. 서비스를 잘하나 못 하나는 판매액이 말해 준다.

무차초스의 인쇄소는 덴마크 출신인 마그누스 엔센(Magnus Jensen)—엔센은 독일어와 영어 교사도 겸하고 있다—의 책임 아래 직공 열 명이 함께 운영하는데, 사업이 잘되는 편이다. 인쇄소는 오렌세의 산 프란치스코 거리에 있다. 이 인쇄소는 광고지 인쇄를 전문으로 하고 있다.

셀소 토우리뇨 곤살레스(Celso Touriño González)는 구두와 가죽 제품 공장을 이끌고 있다. 무차초스를 위한 손가방에서부터 허리띠, 고급 스키 장화를 비롯한 온갖 신발류, 무차초스의 상징 마크를 새긴 기념품(서커스 순회공연 때 판다)에 이르기까지 모든 가죽 제품을 이곳에서 손으로 만든다. 이 작업장에서는 스무 명이 넘는 도제가 일하고 있다. 장인 곤살레스는 아이가 여섯인데, 그 가운데 넷이 무차초스이고, 이 넷 가운데 둘은 아버지의 작업장에서 피혁 세공 도제로 일하고 있다. 무려 12년 전부터 벤포스타에서 살고 있는 곤살레스는 "다른 어디에서도 내 자식들이 이보다 더 잘 자랄 수는 없을 겁니다." 하고 말한다.

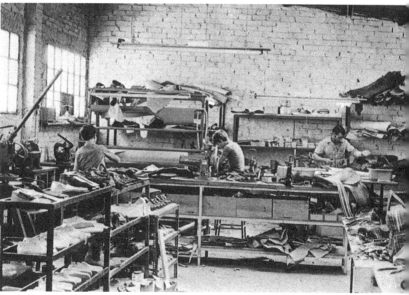

구두와 가죽 제품 공장. 정식 직원은 장인 한 명, 직공 네 명이다.
오른쪽이 장인 곤살레스.

철공소. 장인 한 명, 직공 열다섯 명.
벤포스타에 있는 모든 작업장은 현대식 기계를 갖추고 있다.

도기 공장. 장인 한 명, 직공 세 명.
직원을 고용하거나 해고하는 문제는 총회에서 결정한다.

목각 공예소와 가구 공장. 장인 두 명, 직공 여섯 명.
아래 사진은 반자동 조각기의 한 부분.

위는 빵 공장. 장인 한 명, 직공 세 명.
아래는 자동차 정비소. 장인 한 명, 직공 여섯 명.

철공소도 높은 '외화 수입'을 올리기는 마찬가지다. 이곳에서 단철로 만드는 간판은 무엇보다 인기가 좋다. 이 근처의 식당과 술집들은 형광 간판과 창살, 실내 설비에 쓰는 특별한 장식품들을 벤포스타 철공소에 주문한다. "아이들이 나보다 할 말이 더 많다는 게 처음에는 몹시 낯설었습니다. 하지만 어느새 나도 거기에 익숙해졌고, 아이들이 작업에 쏟는 상상과 열성, 관심을 보면서 감탄하곤 합니다." 철공소 장인은 자기를 고용한 아이들에 대해 이렇게 말한다. 이 사람이 벤포스타에 온 지 벌써 10년이 되었다. 현대식 기계 설비를 갖춘 작업장은 널찍하며 관리도 잘되어 있는 편이다. 바깥에서 들어오는 주문은 주로 정교한 세공 작품이나 쇼윈도 틀, 오렌세 실업 고등학교의 철 담장, 서커스에 쓰이는 특수 장비 같은 것들로 일감이 꽤 많은데 약속한 날을 어기는 법이 없다.

커다란 빵 공장은 공화국의 자체 수요를 충족시키는 데 그치지 않고 벤포스타 주변 이곳저곳에 빵과 과자를 판다.

도기류는 에스파냐에서 특히 인기가 높다. 벤포스타 도기 공장에서 유약을 발라 구워 낸 황토색 접시는 오렌세의 음식점들에서 흔히 볼 수 있다.

그러나 팔 데가 가장 많은 상품은 돈키호테와 산초 판자의 조각상이다. 이들 조각상을 가장 많이 사는 나라는 근동 지역 국가들이다. 그 가운데 큰 손님이 특이하게도 이란! 우리는 '눈물을 머금고' 나무 조각상에 생기를 불어넣는 '가난한 어린 소년'을 상상하

벤포스타 호텔이 완공을 눈앞에 두고 있다. 관광객을 위한 이 호텔에는 호텔 전문 학교도 들어설 예정이다. 호텔 일을 직업으로 고른 아이들 열다섯 명이 셀프서비스 식당과 클럽에서 호텔 일 전문가(주방장이기도 하다)에게 직업 교육을 받고 있다.

며 목각 작업장에 들어섰으나, 작업장에 들어선 순간 이런 상상을 거둬들일 수밖에 없었다. 공정은 기계화되어 있어서 자동 목각기가 짧은 시간에, 그것도 한꺼번에 열두 개씩 조각상을 만들어 낸다. 이렇게 기계에서 나온 조각상들은 조금 마무리 손질을 하면 완성품이 된다. 형태가 어떻든 크기가 어떻든 모든 조각상은 견본에 따라 목각기에서 연속으로 조각된다. 그렇다 해도 목각 공예소의 장인은 진정한 예술가이다. 그 사람 집에 가면 언제든 그이가 장신구함이나 인물 군상, 키가 1미터는 되는 예수상 따위의 예술품을 만드는 광경을 지켜보는 어린아이들을 만나게 된다. 게다가 수북이 쌓인 톱밥 더미는 놀이터로 안성맞춤이다. 목각 공예소 옆에는 주로 작은 실내 장식용 가구들만 전문으로 만드는 작업장이 있다.

셀라노바에는 작업장이 이 목공소 하나뿐이다.

벤포스타 호텔은 완공을 눈앞에 두고 있다. 이 호텔은 여행자 숙소로서 레스토랑과 수영장을 갖춘 데다 어린이 공화국 가장자리의 더없이 좋은 자리에 있어서 오렌세의 관광 명소가 될 것이 분명하다. 벤포스타 호텔에는 호텔 전문 학교도 세워질 예정이다.

아이들이 지나치게 일을 많이 하는 것은 아닐까?

한 예로 주유소 종업원들은 계속 바뀐다. 모든 아이들은 일주일에 하루씩 공공 근로에 참여할 의무가 있는데, 아이들은 주유소에서 일하는 것을 유난히 좋아한다. 벤포스타에 머무는 4주 동안 우리는 주유소에서 같은 아이를 본 적이 한 번도 없다. 밤 근무는 열다섯 살이 넘은 아이들만 한다. 밤 근무 또한 날마다 번갈아 한다.

공화국에 온 지 5년이 넘는 아이는 누구나 벤포스타에서 1년 동안 노동을 해야 한다. 이 기간 동안 생산 일이든 행정 일이든, 일터는 스스로 고른다. 하지만 벤포스타에 온 지 5년이 넘었더라도 1년 동안 하는 노동은 만 열네 살이 지난 다음에 한다. 또한 아이들이 작업장에서 일을 한다고 해도, 얼마든지 다른 사람이 대신할

수 있는 일 말고는 시키지 않는다. 생산 업무는 거의 고용된 직공들이 맡고 있기 때문이다. 아이들은 이렇게 작업장에서 일을 하면 주급을 받을 때 일한 날수만큼 돈을 더 받는다.

벤포스타에서는 학교 수업과 기술 수업이 너무 많은 시간을 차지하지 않도록 꼼꼼하게 신경을 쓴다. 수업이 스트레스를 주어, 아이들이 중압감을 느끼거나 거칠게 될 염려가 있기 때문이다. 아이들한테는 자기가 하고 싶은 일을 하고 자기의 소질과 취미를 계발할 시간이 늘 넉넉하다.

정말로 아이들의 자치가 이루어질까?

"나는 여러분이 뽑아 주신 시장으로서 오늘의 총회를 이끌어 갈 권리와 의무가 있습니다."

얼마 전 새로 뽑힌 시장 마사스(Massas)가 이 말로 시청 뒤에 있는 작은 광장에서 오늘의 총회를 시작한다. 우리도 총회에 참석했다. 총회에 참석한 인원은 3백 명쯤이었다. 휴가철이라 많은 아이들이 부모님을 만나러 집으로 떠난 탓에, 모두가 총회에 참석하지는 못했다. 회의가 열린 때는 밤 10시. 천막은 불에 타 없어졌지만 아직 남아 있는 서커스 무대에, 투표권을 가진 주민 모두(유럽, 아프리카, 아메리카 대륙에서 온 어린이들)가 올라갔다. 나이가 가장 어린 아이는 네 살이다. 간부석에는 각 부처의 장관들이 앉는다. 서기가 전날 회의록을 간추려 읽고 나면, 그 내용들을 조금 고쳐 의결한다. 총회에 참석하는 것은 공동체 활동의 하나이자 주민의 의무이기 때문에 총회에 참석하지 못하는 사람들이 낸 사유서도 큰 소리로 읽어 준다. 그러고 나면 각부 장관들이 그날 보고를

팔루코 데오다트가 회계 장부에 그날의 모든 수입과 지출을 기록하고 있다. 데오다트는 자이르(옛 콩고 공화국)에서 왔다. 오렌세 출신 에스파냐 수녀들을 통해 벤포스타를 알게 되었다고 한다.

한다.

토론 순서가 되자 다섯 살, 여섯 살짜리 아이들이 가장 먼저 말문을 연다. 이들 유치반의 대표는 요즘 들어 코코아가 너무 늦게 나온다고 하소연한다. 그런 데다가 코코아가 너무 뜨거워서 바로 먹지 못하고 식혀야 하는데, 코코아가 식기를 기다렸다가 마시면 공부 시간이나 목욕 시간에 늦는다고 했다. 어쨌든 코코아는 늘 빵이 다 나온 다음에야 나온다는 것이다. 유치원 보모인 메르세데스(Mercedes) 부인이 벌써 두어 번이나 부엌에 가서 이런 의견을 전달한 적이 있지만, 아직 고쳐지지 않았다고 한다. "반대 의견 없습니까?" "예." 생활부 장관은 이 문제에 대한 대책을 세워 내일 보고서를 제출하기로 했다.

서커스 단장에게는 말들의 숙소 문제가 가장 심각하다. 서커스단이 순회공연을 떠났을 때, 벤포스타에서 망아지 세 마리가 태어나고 말 두 마리를 더 샀다. 이렇게 해서 말은 모두 서른 마리가 넘게 되었는데, 마구간이 모자란다는 것이다. 서커스단이 계속 외부 공연을 하더라도 이 문제는 남으며, 앞으로도 줄곧 문제가 될 것이라고 한다. 무슨 해결책이 없을까? 여기저기서 의견들이 나왔다. 건축 계획을 담당하고 있는 열아홉 살의 마르틴 이글레시아스 오테로(Martin Iglesias Otero)는 목축장을 넓히는 방법을 건축 위원회와 의논하기로 했다. 그때 재정 장관이 손을 들더니 지금으로서는 목축장에 돈을 쓰기가 어렵다는 의견을 내놓는다. 재정 장관은 임시로 문제를 해결할 수 있는 방법을 찾아보되, 돈이 지나치게 많이 들지 않는 방법을 찾아야 한다고 주문한다. 서커스에 필요한 모든 시설을 새로 지을 때 마구간도 더 넓히도록 국가 장기 계획 속에 생각해 두었다고 한다.

서커스단 쪽에서 의견을 한 가지 더 내놓는다. "말을 타는 것은 재미있지만 말을 돌보고 마구간을 청소하는 일은 보통 힘든 게 아닙니다. 이 일을 도와줄 사람이 네 사람만 더 있으면 좋겠습니다." 몇이 지원자로 나서, 이름을 적고 새로 일을 나누고 그것을 기록했다. 이렇게 해서 이 문제는 해결되었다.

1 유치원. 2 시가지—행정 구역, 식당, 극장, 슈퍼마켓, 교회, 바, 은행. 3 세관. 4 병원. 5 교회. 6 학교, 직업학교. 7 주거 지역. 8 국제 서커스 학교. 9 고등 교육 기관. 10 작업장과 공장 지대. 11 실내 수영장. 12 실내 체육관. 13 야외 수영장. 14 호텔. 15 주유소. 16 우물. 17 마드리드로 통하는 간선 도로.

500코로나짜리 종이돈 뒷면에 인쇄되어 있는 이 미래상은 1958년에 짜 놓은 것이다. 1972년 현재 6번, 10번, 14번, 15번은 이미 현실이 되어 있다.

크고 작은 문제들과 그날그날의 일과가 토론으로 어려움 없이 처리된다. 몇몇 어른들(대부분이 교사)이 회의에 참석해 아이들의 토론을 열심히 듣고 있다가 질문을 받기도 한다. 어른들이 자기 제자인 아이들을 대하는 태도는 편하고 자연스럽다. 어린이 공화국의 총회에 참석해 보면 정부가 제구실을 잘하고 있으며 투표로 뽑

힌 대표들이 완전히 인정받고 있다는 것을 느끼게 된다.

겨우 한 시간 만에 그 많은 일들이 처리되다니, 놀라지 않을 수 없다. 회의를 끝내는 의례는 정해져 있다. 아이들이 모두 일어나 옆 사람과 어깨동무를 하고 노래를 부른다. 노랫말은 세계 모든 어린이들과의 우정, 서로 도와 만들어 가야 할 더 나은 미래, 자기들이 자랑스럽게 여기는 어린이 나라에 관한 것이다. 쉽고 명랑한 말로 되어 있는데, 아이들이 지었다.

공화국의 구성

공화국 행정부의 우두머리는 대통령이다. 대통령의 임기는 2년이지만 한 사람이 한 번 더 할 수도 있다. 어린이 공화국은 다섯 개의 행정구로 나뉘어 있고, 각 행정구마다 시장이 한 명씩 있다. 수도는 벤포스타이고 셀라노바는 제2의 도시이다. 대서양 바닷가에 있는 휴양지 아레아스가 도시 하나를 이루고 있고, 네 살에서 여섯 살까지의 아이들이 사는 별채도 도시이다. 마지막 다섯 번째 도시는 이동 행정 관청을 가지고 있는 무차초스 서커스단이다. 시장에게 대의원들로 이루어진 자문 위원회가 있듯이, 대통령에게는 전문 장관들로 이루어진 내각이 있다.

장관과 권한

교육 : 학급 꾸리기. 학교 살림. 마드리드의 대학, 살라망카의 대학, 비고의 공과 대학에서 공부하는 무차초스들과 연락하기. 공업 기술 수업 조정. 벤포스타 안에서 숙소 정해 주기. 마드리드에 있는 출장소 운영.

주민 문제 : 선거 준비와 운영. 선거 관리 위원회 편성과 지원.

공공 질서 : 인구 조사. 경찰 일. 세관 일. 신분 증명서 관리.

보건 위생 : 병원과 보건실 운영. 응급 처치 교육. 집과 거리와 이

곳저곳 청소.

생활 : 관리 사무소 일(생활 환경 전체 관리). 물건 사는 일. 슈퍼마켓 운영. 부엌과 빵 공장 관리. 카페테리아, 클럽, 휴게실, 디스코텍, 셀프서비스 식당 따위 여가 시설 운영.

산업 : 모든 작업장의 생산 계획을 세우고 감독하기. 생산물 팔기. 건축과 여러 가지 공사 감독하고 관리하기. 시설과 건물과 교통 수단의 유지와 수리.

재정 : 벤포스타 은행 운영. 국가 예산 세우기. 재정 관리.

복지 : 여러 가지 경연 대회 운영. 전시회 운영. 축제 위원회 운영. 예술 활동과 운동 지원. 휴양지 관리.

이 모든 활동을 아이들 스스로 한다. 아이들은 각 부에서 함께 일하는 어른들에게 지시를 내릴 권리를 갖는다.

'협의회'라고 하는 기구는 실바 신부와 그의 형이자 대리인인 호세 마누엘 멘데스(어린이 나라의 변호사)가 책임을 맡고 있다. 협의회는 명예직으로 국가의 내부 문제에 어떠한 영향도 주지 않는다. 협의회는 법률가, 경제학자, 건축가, 기술자, 사회학자, 교사, 의사 들로 짜여 있다.

교사와 작업장 책임자는 실바 신부가 추천하여 총회에서 모두에게 소개한다. 교사나 직원을 채용하고 해고하는 문제는 반드시 총회에서 투표로 결정한다. 협의회 구성원들 또한 아이들의 신임을 얻어야 한다.

어린이 나라의 주민은 누구나 총회에서 발언권을 갖는다. 여섯 명이 한 모둠을 이루고, 모둠 대표가 총회에서 자기 모둠의 관심사를 발표한다. 모둠 대표가 아닌데 총회에서 할 말이 있는 사람은 시장에게 미리 서류를 내서 발언 허가를 받아야 한다. 허가서가 있어야만 토론 때 말할 수 있는 권리가 생긴다. 이런 절차를 밟음으로써 토론이 한없이 길어지는 것을 막는다. 총회에 몇백 명의 아이들이 모이는데도 안건을 집중해서 논의할 수 있는 것은 이러한 장치가 있기 때문이다.

시장은 자유롭게 비밀 투표로 뽑는다. 후보는 세 명으로 하는데, 긴 시간 토론하여 후보자를 셋 고른다. 그러고 나면 후보자는 협력자들과 함께 '선거전'을 시작한다. 선거 운동 기간은 2주에서 3주이다. 선거 관리 위원회는 선거를 치르는 데 드는 돈과 무차초스의 방송국, 인쇄소를 쓸 수 있게 돕는다. 선거 관리 위원들은 현수막과 전단을 준비하고 집회를 여는데, 집회에서 후보들은 유권자들의 질문을 받고 자기 생각을 밝혀야 한다. 후보 한 사람이 절대 다수의 표를 얻으면, 그 사람은 시장이 되어 관료를 임명한다. 정부는 절대 권위를 갖는다. 정부의 결정과 지시는 모두에게 구속력을 갖는다. 교사도 작업장의 장인도, 심지어는 실바 신부조차도 시장과 협의하지 않고서는 어떤 결정도 내리지 못한다. 오로지 총회만이 시장의 결정에 이의를 제기하고 직무 수행에 문제가 있을 때 시장이나 관료를 해임할 권한을 갖는다.

수프는 어떻게 상에 오르나?

이 문제의 책임은 관리 사무소, 재정 당국과 슈퍼마켓의 구매 담당자, 공동 부엌의 어른 조리사 들이 함께 나누어서 맡는다. 먹을거리를 사는 데 드는 돈은 코로나로 부엌에 준다. 그리고 부엌 살림을 맡은 이는 슈퍼마켓의 구매 담당자인 열다섯 살 난 미겔 시푸엔테스(Miguel Cifuentes)에게 식료품을 주문한다.

미겔은 알맞게 물건을 사들일 책임이 있다. 미겔은 늘 여유롭지만은 않은 이 나라의 살림 형편에 맞추어 물건을 산다. 상에 오르는 음식을 세 가지에서 두 가지로 줄이는 것처럼 달갑지 않은 조치를 내려야 하는 것도 미겔의 몫이다.

어린이 나라가 쓸 돈은 이 나라 스스로 벌어야 한다. 무차초스는 수업료를 내지 않고, 부모들도 자식들의 생활비를 낼 책임이 없다. 다만 기부금을 내고자 하는 사람은 오렌세 저축 은행에 개설되어 있는 벤포스타 계좌로 입금을 한다.

벤포스타에서는 학교 수업을 공동체를 위한 활동으로 보기 때문에, 아이들은 학교 수업에 출석하는 대가로 돈을 받는다. 돈은 일주일에 한 번씩 받는다. 아이들은 저마다 은행에서 주급 봉투를 받는다. 무차초스는 자기가 받은 돈으로 자기 생활비를 대야 한다.

셀프서비스 식당에서 밥을 먹으려면 은행에서 일주일짜리 '식권'을 사야 한다. 잠자리를 위해서도 일주일짜리 '숙박권'을 사야 한다. 모든 아이들이 똑같이 지출하는 이 고정 비용을 빼면 자기

위는 식권, 아래는 숙박권. 식권과 숙박권 한 장의 유효 기간이 일주일이다.

용돈으로 남는 돈은 얼마 되지 않는다. 용돈 액수는 아이들의 나이에 따라 다르다. 나이가 많은 아이들은 많이 받고 어린 아이들은 적게 받는다. 열여덟 살짜리 아이는 일주일에 적어도 300코로나를 받는다. 300코로나면 에스파냐 돈으로 900페세타이다.

Nación de los Muchachos
BEMPOSTA
ORENSE

HOJA DE COBROS E IMPUESTOS SEMANALES

Sr. _____

Semana del _____ al _____

COBRO EN CONCEPTO DE:	IMPORTE CORONAS	IMPUESTO EN CONCEPTO DE:	IMPORTE CORONAS
CLASES	392	ALIMENTACION Y ALOJAMIENTO	
TRABAJO		VESTUARIO Y OTROS	
SERVICIO CIUDADANO	20	MULTAS	
AUSENCIA JUSTA		FONDO ASISTENCIAL	49
TOTAL	412	TOTAL	49

COBRO	412
IMPUESTO	49
Diferencias	363

El Delegado de Hacienda

열여섯 살짜리 아이의 '주급 명세서'. 이 아이는 수업에 참석한 대가로 392코로나를 받고 공공 봉사 활동을 한 대가로 20코로나를 받아, 수입이 412코로나이다. 여기에서 사회 보장 분담금으로 49코로나를 떼고 364코로나를 받았는데, 이 돈으로만 생활비를 대야 한다.

　모든 아이들은 기본 급여 말고도 작업장에서 원하는 만큼 일을 하여 용돈을 늘릴 수 있다. 아이들은 생활비를 스스로 버는 것이 독립심을 길러 주고 인격을 높여 준다고 생각한다.

　옷을 빨거나 고치는 데는 돈이 들지 않는다. 큰 세탁소 네 곳과 수선소 두 곳은 일감이 끊일 날이 없다. 옷을 유행에 따라 고치는 것도 공짜다.

　벤포스타에 새로 들어오는 사람은 자기가 슈퍼마켓에서 스스로 담요를 사야 한다는 데 놀라게 된다. 이곳 가게에서 파는 물건들이 다 그렇듯이 담요도 오렌세의 백화점보다 값이 훨씬 싸다. 슈

세탁소와 재봉실을 책임지고 있는 오르텐시아 로드리게스는 도와주는 사람 다섯 명과 함께 무차초스의 옷 만드는 일과 빨래 일을 한다. 그이는 서커스단이 순회공연을 할 때 함께 다니며 곡예사들의 의상을 거의 모두 손수 만든다. 로드리게스 부인은 이 도시가 생겨날 때부터 벤포스타에 살기 시작했다. 그이의 남편(예순다섯 살) 또한 벤포스타에서 허드렛일을 도맡아 하고 있다.

슈퍼마켓. 뒤쪽 선반에 이불과 옷을 놓고 팔고 있다.

퍼마켓은 이익을 남기기 위해서가 아니라 오로지 아이들에게 꼭 필요한 생활필수품을 공급하려고 운영된다. 방문객들에게 기념품을 파는 것을 빼면 말이다. 열다섯 살 난 슈퍼마켓 책임자는 치약, 화장지, 책, 공책과 연필, 수건, 비누, 장난감을 비롯한 많은 물건들을 되도록 싼값에 공급한다. 값을 정할 때 이 나라 정부는 철저하게 통제한다.

　목각 공예품, 도기류, 가죽 제품같이 벤포스타 안에서 생산되는 상품들은 꽤 비싼 값에 방문객들에게 기념품으로 팔린다.

아이들은 벤포스타 은행에 예금 계좌를 만들 수도 있고, 값이 많이 나가는 물건(예컨대 새 옷)을 살 때는 은행에서 적은 돈이나마 빌릴 수도 있다.

무차초스가 자기들 나라를 스스로 다스리면서 벤포스타에 고용된 어른들에게까지 얼마나 철저하게 지시권을 갖는지를 보여 주는 예가 있다.

1972년 벤포스타에서는 고용된 노동자들이 노동 시간을 정확히 지키게 하려고 시간 기록계를 들여 놓았다. 벤포스타에 시간 기록계라? 실바는 내가 이상하게 여기는 것을 눈치채고는 말했다.

"내가 들여 놓은 게 아닙니다!"

아이들이 설명해 주기를, 노동자들이 노동 시간을 계산할 때 실제보다 많은 시간을 일했다고 하는, 정직하지 못한 경우가 더러 있다고 한다. 아이들은 일한 시간에 따라 임금을 주기 때문에, 이럴 때 규정보다 임금을 더 주는 셈이 된다. 따라서 아이들은 노동자들에게 자기가 받는 임금에 맞게 일해 줄 것을 요구해 보기도 했다. 또한 아이들은 평소에 하던 대로 토론으로 문제를 풀어 보려 했으나 효과가 없자, 총회에서 시간 기록계를 가지고 노동자들의 노동 시간을 관리하기로 결정했다.

그렇지만 아이들은 하루빨리 이런 관리법을 없애게 되기를 바라고 있다.

두려움 없이 다닐 수 있는 학교

1972년 7월 우리는 여름 휴가를 이용해 벤포스타에 갔는데, 가서 보니 아이들도 방학이었다. 그래서 안타깝게도 우리는 벤포스타의 학교 생활이 어떤지를 겪어 볼 수가 없었다.

하지만 공부하는 때와 노는 때를 가르는 것이 사실 무차초스에게는 별로 의미가 없다. 어린이 나라에서 학교는 어른 사회에서처럼 공무원 대리인들(교사)이 다음 세대를 재생산하는 제도가 아니다. 어린이 공화국의 기본 이념은, 이미 만들어진 지금의 사회에 순응하는 것이 아니라 그것을 변화시키고, 극복하고, 개선하는 것이다.

그러나 새로운 사회는 도깨비방망이를 휘두르면 뚝딱 하고 떨어지는 것이 아니다. 미래의 싹이 씩씩하게 자라서 열매를 맺으려면 지금 우리가 밟고 있는 땅에 단단히 뿌리를 내려야 한다.

아이들을 '고상한 야만인'으로 되돌려 놓아서는 안 된다. 이러한 인간상은 어른들이 만들어 낸 감상 섞인 허상이다. 낡고 썩은

문명으로부터 도망치는 것이 목표가 아니다. 목표는 새로운 정신으로 지금 사회를 헤치고 나가는 것이다.

이런 새로운 정신은 아이들의 창조성에서 나온다. 그동안의 교육 과정에서는 아이들의 창조성이 싹도 틔워 보지 못한 채 짓밟히고 말살당했다. 아이들은 앞 세대 사람들과 똑같은 판에 박힌 인물들로 길러진다. 아이들을 부모 세대가 걸어온 길을 그대로 따라갈 후속 세대로 보는 것이다.

실바 신부는 이렇게 세대에서 세대로 이어지는 넓은 길을 따라가다 보면 끝내 길을 잃고 헤매다가 벼랑 끝에 서게 된다고 굳게 믿기 때문에, 케케묵은 길, 벼랑으로 가는 길에서 벗어나 다른 쪽으로 난 숲길로 접어들어야만 희망이 있다고 본다.

그렇다고 아이들이 모든 것을 원점에서 시작해야 한다는 말이 아니라, 개척자로서 지게 되는 힘겨운 과제들을 감당할 수 있도록 잘 단련되어야 한다는 것이다.

어린이 나라에서 어른들이 하는 일은 아이들에게 지식과 기술을 전해 주는 것이다. 하지만 어른들 쪽에서 주는 지식과 기술이 아이들의 학습 욕구와 정확하게 일치해야 한다.

교사는 학생들의 적대자여서는 안 되고 학생들을 자기에게 굴복시키는 훈육자여서도 안 된다. 또한 아이들이 본받으려고 노력하는 모범 인물이어서도 안 된다.

교사의 가장 중요한 임무는 아이들의 자유로운 결정권을 되도록 제약하지 않는 것이다. 그래야만 아이들이 지금 사회와 새롭게 대결해서 조금씩 변화의 길을 찾는, 그 자연스러운 능력이 마비되지 않는다. 바로 이런 까닭으로 교사는 아이들에게 필요한 전문 지식을 주는 조언자에 그쳐야 한다.

가장 중요하며 모든 것에 먼저인 요소는 새로운 정신, 이것은 누구에게 가르침을 받는다고 얻을 수 있는 것이 아니다. 지금 상태대로라면 어른들의 세계는 모범이 될 만한 구석이라고는 눈곱만큼도 없기 때문에 안에서부터 개혁해야 한다. 어린이 나라는 억압과 폭력이 날뛰는 사회가 끊임없이 재생산되는 악순환의 고리를 끊을 수 있어야 한다. 새로운 정신은 모든 사람 안에 싹의 형태로 들어 있다. 이 싹이 자라는 것을 방해하지 말고 잘 자랄 수 있

도록 도와야 한다. 그런데 하루 두어 시간씩의 수업만으로 싹이 자라나게 도울 수는 없는 노릇이다.

　이러한 벤포스타의 크나큰 교육 실험은 온 인류를 대상으로 삼고 있다. 이러한 것이 전제 조건이라면 공부하는 시간과 노는 시간을 구분하는 것이 아무 뜻도 없다. 오히려 어린이 공화국 전체가 자극을 주는 학습 터전으로, 그 안에서는 이론과 실천, 학교 수업과 작업장에서 하는 노동, 공동체를 위한 봉사 활동과 예술을 통해 스스로를 표현하는 행위가 끊임없이 서로 흥미를 일으키고 자극한다.

이런 까닭에서 어린이 공화국은 학교 수업이 열리지 않아도 결코 불완전하지 않다. 본받고자 하는 모범상 없이 자기를 스스로 교육해 가는 것을 첫째 목표로 삼고 있는 무차초스의 교육에 방학이란 없다. 하지만 벤포스타 안의 학교도 에스파냐 학교 제도에서 공식으로 정해 놓은 방학 규정을 따라야 한다. 이곳 아이들은 사설 기숙 학교에서 생활하는 게 아니라 마드리드로부터 공식 인가를 받은 학교에 다니는 것이기 때문이다. 그렇지만 벤포스타의 학교는 무척 특이한 학교이다. 물론 에스파냐의 사정에 비추어 볼 때만 그런 것이 아니다. 아이들은 학교를 '자기들 스스로의' 학교로 여긴다. 학교 다니는 것을 취학 '의무'로가 아니라 교육받을 '권리'로 생각하는 것이다. 그렇다면 학교 생활에서는 아이들의 자치 원리가 어떻게 실현될까?

벤포스타에서 사는 아이들은 천 명쯤 된다. 이곳에서 일하는 교사 쉰 명은 어린이 공화국이 채용한 직원이다. 이곳 교사들은 에스파냐의 일반 학교 교사들보다 보수를 적게 받는다. 그런데도 벤포스타에 교사가 모자라는 일은 없다. 특히 일반 학교에서 자기들이 맡은 일이 누군가의 대리인에 지나지 않는다는 사실을 꿰뚫어 보고, 이렇게 강제로 벌어지는 교육 활동에서 발을 빼고 싶어하는 젊은 교육자들, 학생들에게 꼭 필요한 사람이 되고 싶어하는 교육자들이 어린이 나라로 온다.

벤포스타의 교사들은 교육청에서 발령을 받아 머나먼 오렌세 지방으로 온 게 아니다. 그이들은 자기가 스스로 원해서 무차초스에게 온다. 벤포스타에 먼저 와서 활동하고 있는 친구들이 권해서 벤포스타행을 결심하는 일이 대부분이다. 실제로 새 교사를 들이는 데 결정권을 가지고 있는 사람은 아이들이다. 원칙으로 보자면 아이들은 교사를 해임할 수 있다. 그리고 이것은 단지 말로만의 권리에 그치지 않는다!

에스파냐의 교육법에서 어떤 학교가 공식 인가를 받느냐 못 받느냐는 마드리드에 있는 에스파냐 교육부가 교장의 자격을 인정하느냐 안 하느냐에 달려 있다. 이 법은 벤포스타의 학교에도 적용된다. 그렇기 때문에 교장은 아이들의 의뢰로 교장 일을 맡기도 하지만 한편으로 어느 만큼은 에스파냐 국가의 대리인 구실도 하게 된다. 실제로 교장 일을 맡았던 사람 가운데 하나가 2년 동안은 아이들을 만족시킬 만큼 훌륭하게 일을 했지만 그 뒤 흔히 보는 권위자의 태도를 명백히 드러내려고 하자, 아이들이 동맹 휴업에 들어가 더는 믿을 수 없는 그 관리가 면직되게 한 적도 있다.

아직도 이 사건이 화제에 오를 때면 무차초스가 자기들의 실행력을 은근히 자랑스러워 하고 있다는 사실을 눈치챌 수 있다. 목표를 바르게 세워 다 함께 힘을 모아 굳건히 밀고 나가니 그 정당함이 증명된 것이다. 이 일로 느낀 기쁨은 그때 벤포스타에 없었던 아이들에게도 힘을 북돋아 준다.

자기들이 권리는 없고 의무만 있는, 거대한 교육 사업에 고용된 사람이 아니라는 사실을 학생들이 생생하게 겪게 되면, 교사와 학생의 관계가 홀가분해진다. 서로 대화할 수 있다는 믿음이 생기면 저항이나 공격, 수업 거부 같은 것은 기꺼이 단념할 수 있다.

현재 벤포스타에는 상급 학교가 없다. 어린이 나라의 상급생들은 오렌세에 있는 시립 고등학교에 다닌다. 벤포스타 출신 학생들이 학습 부진을 보이는 일은 조금도 없다. 오히려 벤포스타와 전혀 다른 환경 속에서도 우수한 성적을 내고 있다. 일반 공립 학교에 가서 그곳을 어린이 나라의 틀에 맞추려는 헛된 시도는 하지 않을 만큼 성숙한 모습을 보인다.

벤포스타에서는 학교 수업이 9시에 시작된다. 나이에 따라 하루에 2시간에서 4시간까지만 수업을 받는다. 쉬는 시간은 점심밥 먹는 시간까지 해서 12시부터 오후 3시까지다. 이 시간 뒤로 아이들은 작업장, 행정 사무소, 서커스단, 주유소 같은 '학교와는 상관없는' 여러 교육 현장으로 나뉘어 나간다.

이 학교를 국가에서 인정하지 않는다면 국가에서 인정하는 성적 증명서나 졸업장도 없을 것이다. 하지만 이곳 아이들로서는 나중에 사회에 나가서 어린이 공화국의 이상을 실현하기 위해 더욱 효과 있게 활동할 수 있는 바탕을 마련하는 것이 무엇보다 중요하다. 따라서 교과 과정은 에스파냐의 다른 학교와 같다.

이 점에서도 마찬가지로 지금의 것을 뒤엎거나 멋진 낙원으로 도망치기보다는 현실에 뿌리 내리고 현실을 개혁할 수 있어야 한다는 기본 원칙이 드러난다. 따라서 사회가 요구하는 '성적 증명

서'를 거부하지 않고 받아들인다.

그러나 우리가 잘 알고 있는 압박 수단들을 끌어들여 학생들에게 학교 성적을 강요하지는 않는다. 그럴 때 또다시 아이들의 자율과 창조성이 억지스러운 표준 규격에 얽매이기 때문이다. 두려움 없이 공부할 수 있는 분위기는 무엇보다도 시험과 성적표를 없애야 만들어진다. 벤포스타의 학교에는 시험이 없다. 수업은 모둠 토의 형태로 진행된다. 교사는 말로라도 아이들의 대답이 좋다 나쁘다 하는 평가를 하지 않는다. 학년 말 성적표는 과목별 점수의 평균을 내는 방식이 아니라 각 과목을 담당한 교사들이 모두 모여서 한 학생의 장점과 단점, 충분히 발휘되고 있는 재능과 아직 계발되지 않은 발전 가능성을 의논하고 그 내용을 써 나가는 식이다.

그런데 어쩔 수 없이 국가에서 인정하는 성적 증명서가 필요한 경우가 있다. 어린이 공화국에는 아이들의 존엄성을 훼손하고 사람을 멍청이로 만드는 시험 공포를 제거하기 위한 장치가 마련되어 있다.

아이들이 성적을 의논하는 데 어느 만큼이나 관여하는지는 정확히 알 수 없었다. 이 문제에 대해 질문을 던져 보았지만, 벤포스타 주민들은 우리의 질문을 제대로 알아듣지 못하는 것 같았다. 하지만 교사들의 성적 평가 회의는 공개로 열리지는 않을지언정 적어도 문을 꼭꼭 걸어 잠근 채 진행하는 배심 재판 같은 것은 아니다. 전체로 볼 때 성적 문제에 관한 어린이 공화국의 태도는, 학교 행정에서 성적 증명이 필요할 때 '좋음'쯤의 성적만 받으면 된다는 것인 듯하다. 어린이 공화국에서는 이 문제를 심각하게 받아들이지 않는다. 그리고 좋지 않은 성적이 학생의 자의식이나 그 학생에 대한 가치 평가에 별다른 영향을 미치지 않는다. 한 번이라도 여기 아이들을 만나 본 사람이라면 이 아이들의 엄청난 '호기심'에 깊은 인상을 받았을 것이다. 이 아이들은 얌전한 노력가와는 거리가 멀다. 끊임없이 묻고, 묻고, 또 묻는다. 그리고 토론한다. 재치 있고, 끈기 있고, 빈틈없고, 지식욕에 불타는 모습의 아이들. 과연 어떤 학교가, 아이들이라면 누구나 갖는 이런 관심을 북돋우는 것은 둘째 치고 적어도 말살하지는 않는다고 자신할 수 있을까?

무차초스의 학교생활에서 가장 당혹스러운 규정은 아이들이 '수업 시간 급료'를 받는다는 것이다. 수업에 한 시간 참여한 학생은 작업장에서 한 시간 일한 것과 똑같은 급료를 받는다. 어린이 공화국에서는 학교에서 공부하는 것도 주유소에서 일하는 것과 똑같은 가치를 지닌, 공동체를 위한 활동으로 여긴다.

일하지 않는 사람은 돈을 벌지 못한다. 학교에 갈 의무는 가장 어린 아이들까지도 멀리 떨어진 추상적인 법 조항으로 여기지 않고, 스스로 이해하고 동의하며 그 모든 것의 결과 또한 잘 받아들인다. 코로나가 없으면 식권을 살 수 없다. 게으름을 피우는 사람은 굶는 수밖에 없는 것이다.

교사는 지식과 관련된 문제에서만 권위를 인정받는다. 교사는 아는 것이 많다. 교사는 공부 잘하는 방법을 가르칠 수 있다. 그러나 교사는 조련사가 아니다. 학급 규율은 교사의 문제가 아니라 학급 공동체의 문제다. 벤포스타에서는 아이들이 스스로의 문제를 얼마든지 알아서 해결할 수 있다는 사실을 생생하게 보여 준다. 아이들 문제는 아이들에게 맡겨 두기만 하면 된다. 학급에서 어떤 학생이 수업에 방해가 된다고 느끼면, 그 학생은 학급 구성원 다수의 결정에 따라 얼마 동안 수업을 받지 못하게 된다. 수업을 받지 못하는 학생은 자연히 소득도 줄게 된다.

벤포스타 아이들은 학교에 다니는 동안 자기가 어떤 분야에 관심과 소질이 있는지를 스스로 확인할 수 있는 기회를 넉넉히 갖고 있다. 오전에 많게는 네 시간까지 수업을 받고 점심 때가 되면 밥 먹고 쉬고 나서 작업장으로 나간다. 작업장에서 이루어지는 기술 수업은 직업 교육에 해당한다. 모든 아이들이 저마다 한 가지씩 수공 기술을 익힌다. 정식 도제 계약을 맺고 어린이 공화국에 있는 직업 학교와 장인 밑에서 기술을 배워, 적어도 직인 자격을 딴다. 장인 자격 시험을 치르는 아이들도 많다. 에스파냐에서는 도제 수업을 온전히 마치는 경우가 흔치 않기 때문에, 직인이나 장인 자격증은 무척 귀중한 재산이 된다.

벤포스타에서 받을 수 있는 직업 교육은 인쇄, 신발과 가죽 제품 제작, 전기 기술, 금속 제품 생산(단철을 써 예술품을 만드는 것 포함), 도기 만들기, 빵 만들기, 호텔 일, 자동차 수리, 목각 공예, 가구 만들기 따위로 꽤 많다. 그 밖에 뛰어난 곡예사나 직업

마사스 시장과 얘기를 나누고 있는 실바 신부. 교사나 공장의 장인이라 해도 시장과 의논하지 않고서는 아무런 결정도 내릴 수 없다. 실바 신부도 예외가 아니다. 시장의 결정에 반대하거나 시장을 해임할 수 있는 권한은 총회에만 있다.

연주자가 되려고 교육을 받는 아이도 있다.

과학 기술 분야에서 뛰어난 실력을 보이는 학생은 상급 학교에 진학해 공부를 계속할 수 있다. 어린이 공화국은 비고에 지부를 두고 있다. 비고에서 생활하는 나이 든 학생 또한 학비나 생활비 걱정 없이 상급 공업 학교에 다닌다.

모든 벤포스타 주민의 한결같은 목표는 고등학교 졸업과 함께 대학 입학 자격을 따는 것이다. 벤포스타 출신의 응시자들은 대부분 오렌세 시립 고등학교의 졸업 시험을 좋은 성적으로 통과한다. 요즘 벤포스타에서는 대학 입학을 위해 꼭 필요한 준비 과정을 벤포스타 안에서 마칠 수 있도록 고등학교를 세우고자 애쓰고 있다.

이곳 아이들이 좋아하는 전공 과목은 신학, 교육학, 신문 방송학, 법학 따위다. 현재 어린이 공화국 출신의 대학생 예순여덟 명이 벤포스타로부터 재정 지원을 받고 있다. 어린이 공화국은 학비를 지원하면서 졸업 뒤 특별한 의무를 다할 것을 조건으로 내세우지 않는다. 그런데도 학업을 마치고 일자리를 찾은 무차초스 거의가 자기들의 힘을 온통 다 또는 조금이라도 어린이 나라에 보탠다.

권리와 법

벤포스타 주민의 권리와 의무는 법으로 정해져 있는데, 이 법은 무차초스 스스로 발전시켜 온 법이다. 처음에 열한 가지 '법 조항'이 제정되었는데, 이 법이 어린이 공화국 설립 때부터 오늘날에 이르기까지 이 '나라' 생활의 토대를 이루고 있다. 물론 이것으로는 법의 기초를 놓았다고밖에 할 수 없다. 짧은 기간 동안 어린이 공화국이 빠르게 발전하고 엄청나게 커지는 과정에서, 그에 따르는 위기와 문제가 없었던 것은 아니다. 한 차례씩 갈등을 겪을 때마다 무차초스는 새로운 규정과 훈령을 정해, 마찰에서 오는 손실을 되도록이면 줄이고자 했다. 오늘날 어린이 공화국의 법전은 작은 책 한 권으로 나와 있다. 이 책은 물론 자기들의 인쇄소에서 만들었다. 아이들은 국민으로서 자기들의 문제를 판단할 때 어느 한 순간도 관료 같은 자세에 빠지지 않는다. 오로지 자기들의 공동생활을 합리적으로, 그러나 지나치게 조직에 치우치지는 않게 규정하고 있다는 점이 눈에 띈다.

벤포스타와 '어린이 나라' 모든 지부의 모든 주민에게 효력을 갖는 무차초스의 열한 가지 법은 다음과 같다.

1. 시민은 나날의 삶에서 하느님을 찾는다.

2. 시민은 시민인 것을 자랑스러워 하고 자신의 도시를 언제나 존중한다.

3. 시민은 자기의 권리와 명예로 인격을 다진다.

4. 시민은 자유로움을 배웠기 때문에 밝고 명랑하다.

5. 시민은 어려움에 부딪쳤을 때 강하다.

6. 시민은 말과 행동이 정직하다.

7. 시민은 언제나 희생과 이웃 사랑의 정신으로 생활한다.

8. 시민은 자신의 대표자들을 자유롭게 선택하고 대표자들을 따른다.

9. 시민은 이웃에게 친절하고 상냥하게 대하도록 노력한다.

10. 시민은 같은 시민을 형제처럼 사랑한다.

11. 시민은 자기 자신에게 엄격하다.

이런 윤리성 요구들에 배어 있는 원대한 이상주의는 벤포스타가 돈키호테나 로욜라(Ignatius Loyola) 같은 고결한 기사들의 나라에 자리 잡고 있다는 사실을 떠올리게 한다. 도덕적 이상을 비웃기란 언제나 쉬운 일이다. 그러나 아이들은 좋은 사람이란 어떻게 생각하고 말하고 행동해야 하는가에 대해 장황한 설교를 들어도 불

쾌해 하지 않는다. 오히려 아이들은 일상생활에서 자기들의 숭고
한 목표에 접근하는 길을 발견하면 그것에 감격하곤 한다. 그리
고 '친구를 헐뜯지 말라.'는 말이 되었든, '반 친구들과 서로 도와
야 한다.'는 말이 되었든, 어린이 공화국의 열 번째 법처럼 '시민
은 같은 시민을 형제처럼 사랑한다.'는 말이 되었든 간에, 아이들
은 어찌 보면 뻔하다 할 수 있는 이런 말 밑에 깔려 있는 본질, 알
맹이를 이해하고 받아들인다. 어린이들은 자기 나라 안에서뿐만
아니라 바깥 세계로 나올 때도, 이 열한 가지 원칙을 행동의 지침

으로 삼는다.

　어린이 공화국의 법률 용어에는 법을 어기는 사람에 대한 처벌을 가리키는 말이 없다. 이곳 아이들은 모든 일과 행동에는 까닭과 곡절이 있다고 생각하며, 사회가 법을 어긴 사람에게 처벌을 내려 복수를 해도 그 사람을 바꾸어 놓을 수 없다는 전제에서 출발한다.

　이런 까닭으로 무차초스는 '처벌'이라는 개념 대신에 그 자리에 '구제'라는 개념을 놓았다. 사회 조직이 특별하기 때문에 위법 행위가 적다. 모두가 평등하기 때문에 질투나 소유욕 같은 충동이 거의 생길 수 없다. 그렇다 해도 문제가 아주 없는 것은 아니다. 수업 시간 내내 남들을 방해한다거나 숙소 안에서 자기가 맡은 일을 소홀히 하는 따위의 자잘한 규칙 위반은 모둠 대표가 모둠 구성원들과 함께 해결한다. 어쩌다 일어나긴 해도 도둑질이나 공동체의 민주주의 원칙을 어기는 심각한 범행도 있는데 이런 일은 정식 재판에 넘겨진다. 어린이 공화국에서 재판이 열리는 일은 매우 드물다. 이런 까닭으로 아이들의 법정은 상설로 운영되지 않고 그러한 위법 행위를 심리해야 하는 때만 구성된다. 재판이 열리는 일이 드문 만큼 의장, 판사, 판사보, 배석 판사, 배심원, 검사, 변호사가 참가한 가운데 모든 시민에게 공개하여 진행하는 재판은 굉장한 구경거리다. 피고가 경찰의 호위를 받으며 재판정에 나타난다. 이러한 절차는 조금은 쇼 같기도 한데, 모두들 그것을 한껏 즐긴다.

심리에 들어가면 법정과 방청객들은 범법자 개인의 행위를 확인하고 따지는 데에만 관심을 두지는 않는다. 심리는 공동체 전체가 저지른 잘못을 밝히는 절차이기도 하다. 개인이 공동체의 길에서 벗어나는 일은 공동체가 어떤 까닭으로든 그 사람을 무시하고 소홀히 할 때 생길 수 있기 때문이다. 이런 재판 절차에 관련된 사람들에게 중요한 것은 절대로 공정해야 한다는 점이다. 날카로운 질문에 고통스러운 답변이 이어지는 경우도 가끔 있다. 재판을 겪어 내는 것은 관련자, 당사자, 방청객 모두에게 무척 고통스러운 의식화 과정이다. 진실, 이것은 모두에게 정의의 문제다. 이런 의미에서 법정의 구실과 기능 또한 뚜렷해진다.

아이들은 여러 방면에 걸쳐 교육 효과가 있는 구제 조치들을 폭넓게 개발해 놓았으며 새로운 교화 방안들을 꾸준히 찾아내고 있다.

겉으로 드러나는 모습만 보면 재판의 절차와 구조가 어른들의 세계를 거의 그대로 익살스럽게 흉내 내고 있는 것 같다. 그러나 아무리 장난스럽다 해도 겉보기보다 훨씬 진지하다. 겉모습은 비슷하지만 아이들은 어른들과는 아주 다른 새로운 결론을 끌어내며 자기들의 사회 환경을 새로운 정신으로 채우는 법을 터득해 나간다. 이러한 사실들로, 아이들은 어린이 공화국의 모든 실험에 담겨 있는 희망(어떤 어른이라도 아이들의 말에 귀 기울일 마음가짐만 되어 있으면 아이들로부터 배울 수 있으리라는 희망)이 결코 헛되지 않다는 것을 증명한다.

예를 들어, 한 아이가 아무 데나 굴러다니는 코로나를 주웠는데 주운 것을 제 때 신고하지 않았다면, 그 아이에게는 돈 다루는 법을 배울 수 있도록 벤포스타 은행에서 일하라는 '선고'가 내려진다. 또 어떤 잘못을 저지르면 총회나 시장 선거에서 투표권을 잃기도 한다.

훨씬 효과 있는 처벌은 주급을 주지 않는 것이다. 주급을 주지 않기로 하는 판결이 나오면, 선고를 받은 아이는 식권을 살 수가 없다. 그렇다고 그 아이가 무작정 굶어야 하는 것은 아니다. 하지만 밥을 먹으려면 몹시 괴롭고 체면 깎이는 일을 해야 한다. 시청에 가서 사회 보조금을 신청해야 하는 것이다. 이렇게 해서 받은 돈은 나중에 은행에 갚는 식으로 해서 정부에 돌려주어야 한다. 이렇게 반성의 기회를 주는 것이 범죄자를 한동안 사회에서 멀리 떼어 놓는 것보다 실제로 도움이 된다. 사회가 범죄자와 밀접한 관계를 유지하면서 끊임없이 그 사람에게 영향을 미칠 수 있기 때문이다.

만약 한 아이가 공동체의 생활과 활동에 참여하기를 완강하게 거부한다면, 그것은 벤포스타의 생활 형태가 그 아이에게 맞지 않는다는 얘기가 된다. 이런 때는 벌을 내린다고 해도 달라질 게 없다. 어떤 생활 형태가 자기에게 맞는지를 그 아이 스스로도 모르기 때문에 공동체는 아이를 집으로 돌려보내는 방법으로 아이를 돕는다.

이렇게 앞서가는 민주 학교에서 자란 학생들이 바깥세상에서 살아가게 될 때, 아주 다른 현실에 맞닥뜨리고 갈등을 겪을 수도 있지 않을까? 한 예로 에스파냐의 정치 형편만 봐도 그런 걱정을 떨칠 수가 없다. 하지만 실바는 타협을 거부하지 않는다. 어린이 공화국에 있는 다른 어른들이 그렇듯 실바 또한 벤포스타가 전혀 다른 법에 따라 움직이는 어른들의 나라로 둘러싸여 있는 '어린이를 위한 공화국'일 뿐이라는 사실을 잘 알고 있기 때문이다.

모두들 벤포스타가 바깥세상의 정치 현실에 아랑곳하지 않는 공상의 나라가 되지 않도록, 거친 바깥세상과 단절되지 않도록 애쓰고 있다. 이곳 아이들은 누구나 한 주에도 몇 번씩 오렌세를 드나들기 때문에 오렌세의 현실이 어떤지를 잘 알고 있다. 또 서커스단은 공연을 하느라 나라 밖을 여행하고, 다른 나라에서 어린이 공화국으로 들어오는 어린이도 있다. 이 모든 일들이 어린이 공화국과 바깥을 견주어 볼 수 있게 하고 토론을 자극하면서 알게 모르게 이곳 아이들의 정치 교육에 이바지한다.

또 한편으로, 깨어 있는 어린 시민들의 판단력은 어린이 나라에서 이루어지는 민주주의 실습을 통해 바깥 정치 체제를 파악하고 비판의 눈으로 평가할 수 있을 만큼 날카로워진다.

밤 10시에 문을 닫는 나이트클럽

토요일 저녁이면 오렌세의 산 프란치스코 거리에 있는 무차초스의 '본가'는 사람들로 북적댄다. 디스코텍에서 춤판이 벌어지기 때문이다. 열여덟 살부터는 포도주가 허용되지만, 술이 없어도 이곳 분위기는 흥겹기만 하다. 마술(馬術) 감독인 마놀로 마르티네스(Manolo Martinez)나 교사들이 자주 이곳에 들르지만, 아이들을 감독하기 위해서가 아니라 그저 즐기기 위해서 온다.

클럽은 날마다 문을 여는데, 그 쓰임새가 매우 넓다. 클럽 건물에는 길이 12미터, 폭 6미터짜리 수영장도 갖추어져 있다. 수영장은 교묘하게도 옆 건물 지하에 만들어져 있다. 서커스 학교에서 오는 아이들은 수업이 끝난 뒤 이곳에 들러 수영을 하곤 한다. 게다가 실바의 어머니는 늘 냉장고에 시원한 음료를 가득 채워 놓는다. 무더운 여름날 아이들은 잠깐 버스에서 내려 이곳에서 주스나 맥주를 마신다. 집처럼 편안한 느낌이 들어서인지, 이곳은 늘 아이들로 붐빈다.

무차초스를 위해 벤포스타와 오렌세, 셀라노바, 산 페드로 데 로카스, 아레아스에 있는 지부들 사이를 오가는 버스. 요금은 없다. 거의 모든 교사들이 승합차 운전면허를 가지고 있어서, 그때그때 시간이 나는 사람이 운전을 한다.

    일 층의 넓은 클럽 공간은 연극 동아리의 모임 장소로 쓰인다. 오렌세 고등학교의 젊은 교사가 연극 동아리를 지도하고 있다. 오렌세의 많은 남녀 아이들이 이 동아리에 가입해 있다. 나는 그 아이들이 고른 작품을 보고 깜짝 놀랐다. 방금 시연된 작품이 브레히트(Bertolt Brecht)의 '막을 수 있었던 아르투로 우이의 득세(Der aufhaltsame Aufstieg des Arturo Ui)'였던 것이다.

디스코텍은 밤 10시 정각에 문을 닫는다. 손님들을 말 그대로 벤포스타로 '내쫓기' 위한 좋은 방법이 있다. 클럽 문 앞에 벤포스타로 가는 버스가 대기하고 있는데, 이 버스를 놓치는 사람은 7킬로미터를 터벅터벅 걸어가야 하는 것이다.

벤포스타에는 무료 교통수단이 있다. 서커스 학교가 오렌세에서 조금 벗어난 곳에 있기 때문에 벤포스타에서 오렌세(정거장은 '본가')를 거쳐 서커스 학교까지 가자면 12킬로미터쯤 된다. 조금 덜컹거리는 버스가 벤포스타와 서커스 학교 사이를 왕복하는데, 많게는 하루에 열 차례까지 오간다. 차비는 한 푼도 내지 않는다. 물론 어린이 공화국의 주민에게만 그러하다. 많은 교사들이 승합차 운전면허를 가지고 있어서, 그때그때 시간이 비는 사람이 버스를 운전한다.

특별히 멀리 여행을 할 때는 흰색과 빨간색으로 반짝반짝 칠을 한 새 버스가 차고에서 나온다. 로카스 수도원과 셀라노바를 지나는 차는 조금 오래된 차다. 아레아스의 여름 캠프로 갈 때도 새 버스를 쓴다. 고도가 1000미터도 넘는 엘 파라뇨 고갯길을 넘어야 하는 데다, 고갯길에서 내려갈 때 브레이크가 언제나 제대로 작동해야 하기 때문이다.

아레아스는 가장 인기 좋은 휴가 시설 가운데 하나다. 특히 아레아스의 모닥불 가에서 열리는 수요일 저녁 잔치는 인기가 좋다. 이 자리에서는 누구든 노래나 연주를 하며 재능을 선보이는데, 연

주를 제대로 못 해도 우레와 같은 박수가 터져 나온다.

벤포스타 안에도 늘 붐비는 여가 클럽이 있으며, 그 밖에도 텔레비전 시청실과 오락실, 도서관을 갖춘 휴게실이 있다. 벤포스타에서 가장 어린 아이들은 베르날 관에 따로 마련되어 있는 텔레비전 시청실에서 텔레비전을 볼 수 있다.

셀라노바 수도원에 있는 클럽은 아주 잘 꾸며져 있다. 커다란 벽난로가 있는데, 다른 난방 장치가 없는 이 수도원에 멋스러움과 편안함을 준다. 아이들이 자기들 손으로 만든 넓은 바와 작업장에

서 만든 독특한 참나무 가구들도 실내를 멋들어지게 장식하고 있다. 이 클럽에는 정말 무대다운 무대도 있다. 또한 이곳엔 현대식 기기를 갖춘 영화 감상실이 있는데, 물론 벤포스타에도 있다고 한다.

벤포스타에서는 운동 경기라면 무슨 종목이 됐건 환영 받는다. 벤포스타의 계획에는 다용도 실내 체육관을 갖춘 대규모 스포츠 센터를 짓겠다는 것도 들어 있다. 지금 벤포스타에는 하키장과 농구장, 핸드볼장, 축구장이 있지만 실내 체육관은 없다. 그래서 무차초스는 임시로 오렌세 시립 체육관을 쓰고 있다. 아이들의 국제 서커스 학교도 온갖 장비를 갖추고 오렌세 시립 체육관에 자리 잡고 있다.

주민이 되기란 어렵지 않다

벤포스타 주민들의 출신 나라는 어느덧 스물네 나라가 되었다. 이 도시에서 살기 위한 단 한 가지 조건은 스스로의 자유로운 결정이다. 네 살에서 열다섯 살 사이의 아이라면 벤포스타의 주민이 될 수 있다. 물론 예외는 있다. 어린이 공화국은 주민을 받아들이는 문제에서도 관료주의 자세를 버렸기 때문이다.

어린이 공화국에서 살고 싶어 하는 아이의 부모가 자식의 뜻에 동의하면, 부모는 '에스파냐 오렌세 벤포스타, 어린이 나라 대통령'에게 입국 신청을 해야 한다. 정해진 신청 양식이 있는 것은 아니다. 입국 신청을 할 때 부모는 실바 신부에게 아이의 양육권을 넘겨야 한다. 이것으로 모든 절차가 끝나는 셈이다.

처음 입국하는 아이들은 누구든 정해진 대로 적응 기간을 거친다. 겉으로 드러나는 인상에 영향을 받아 들어와서는 아이 스스로나 부모가 후회하게 될지도 모르는 걸음을 내딛지 않도록 하기 위해서다. 벤포스타 생활이 마음에 들지 않으면 아이는 언제든 어린

이 공화국을 떠날 수 있다. 무차초스는 이 문제에서도 자유 의지에 따르는 것을 절대 원칙으로 삼고 있다.

부모들은 자식을 만나러 올 수 있는데, 방문 기간 동안 부모들은 오렌세에 묵는다. 하지만 얼마 뒤면 벤포스타를 방문하는 사람들은 곧 완공될 벤포스타 호텔에 묵을 것이다.

아주 어린 아이들도 집으로 돌아가고 싶다는 생각은 하지 않는 것 같다. 이곳의 집단생활은 스스로 자기 일은 자기가 알아서 하고 자유로우며 괜히 남을 괴롭히는 일 따위는 없어, 어떤 아이든 금세 일체감을 느끼게 된다. 우리는 이런 사실을 무차초스 서커스단의 독일 초청 공연 때 보고 듣고 겪은 것으로 알 수 있었다. 앤디 윌리엄스라는 열 살짜리 베를린 아이가 무차초스 서커스단의 공연을 매회 관람하면서 무차초스와 금세 친해졌다. 에스파냐 말이나 프랑스 말을 한 마디도 할 줄 모르면서도 말이다. 앤디가 반한 것은 서커스만이 아니었다. 무차초스가 보여 준 열린 마음과 우정도 앤디를 감동시켰다. 앤디는 베를린에서 태어났지만 혼혈아여서 반 아이들에게 따돌림을 당해 온 터였다. 앤디는 무조건 무차초스와 함께 있고 싶어 했다. 앤디의 부모까지 동의하고 나자 실바 신부도 찬성했다. 그렇지만 벤포스타 대통령(스무 살)의 동의 없이는 실바 신부도 아무런 결정을 내릴 수 없었다. 벤포스타에서 답변이 올 때까지 앤디는 서커스단의 남은 독일 여정을 함께 했다. 1972년 4월 26일 앤디는 무차초스와 함께 아주 커다란 프랑스 여객선 파스퇴르호를 타고 새로운 고향으로 향했다.

넉 달 뒤 우리는 앤디를 벤포스타에서 다시 만났다. 앤디는 어느새 에스파냐 말을 제법 할 줄 알았고, 방학이 끝나면 학교 수업을 더 잘 따라가고 싶다고 했다. 특히 앤디는 서커스 학교에 다니면서 서커스 실력이 나날이 좋아지는 것을 자랑스러워 했다. 올가미 던지기, 로데오 묘기, 줄타기는 이제 문제없다고 했다. 앤디는 마치 벤포스타에 온 지 몇 해는 되는 사람처럼 이 도시 구석구석으로 우리를 안내했다. 방학인데도 베를린에 한 번쯤 다녀오고 싶다는 말조차 꺼내지 않았다.

앤드류(애칭은 앤디) 윌리엄스는 베를린에서 왔다. 무차초스 서커스단이 1972년 3월 베를린에서 공연하는 것을 보고 무차초스에게 홀딱 반한 앤디는 부모님의 동의를 얻어 어린이 나라에 입국을 신청했다. 실바 신부가 앤디의 입국 신청을 주선해 주었다. 총회 와 벤포스타 대통령은 앤디의 신청을 승인했다.

명예로운 칭호 '시민'

이 도시가 세워진 지 몇 해 지나서, 총회는 실바 신부와 소년 '창건자' 열다섯 명의 개척 활동을 특별히 기리기로 결정했다. 그래서 실바 신부와 열다섯 명의 아이들에게 '소년들의 도시 시민'이라는 칭호를 붙여 주었다. '시민'이라는 칭호에는 특별한 권리가 따른다(보통은 시민이나 주민이나 같은 말이지만, 그 가운데 특별한 시민 또는 정식 시민이라 할 수 있는 아이들이 있다. 지금 여기서는 정식 시민만을 '시민'으로 부르고 있다). 예컨대 총회에서 투표를 할 때 '주민'은 투표권이 한 표뿐이지만 '시민'은 두 표이다. '시민' 칭호를 받은 사람만이 높은 자리에 입후보할 수 있다. '시민' 칭호는 벤포스타에서 산 기간이나 나이하고는 상관이 없다. 벤포스타의 주민이면 누구나 총회에서 '시민'으로 추천 받을 수 있다.

이런 추천 제안이 들어오면, '시민' 집단은 후보자들과 공동 회의를 갖는다. 이 회의에서 후보는 공화국에서 이루어지는 공동생활에 관한 자기 생각을 말해야 하며, 뒤이어 진행되는 토론에서 다른 사람들의 질문에 답을 해야 한다. 회의가 끝난 뒤 후보자는 하룻밤을 혼자 지내면서 나라의 발전을 위해 제안하고 싶은 것과 그 가운데 자신이 하고자 하는 일을 주제로 글을 쓴다. 이런 시험들의 결과가 '시민' 집단의 기대를 만족시키면, 그 후보자에게 다음 날 성대한 의식을 열어 '시민' 칭호를 준다. 겉으로 드러나는 증표로 '시민'은 명예 훈장과도 같은 오렌지빛 스카프를 받는

데, '시민'은 그때부터 모든 공식 행사에 그 스카프를 두르게 된다. 어린이 나라에 대한 충성 서약을 하는 것으로 '시민' 칭호 수여식은 끝난다. 이렇게 해서 어린이 나라는 시민을 한 사람 더 갖게 된다.

서커스 만세

어린이 공화국의 사절이자 가장 훌륭한 대표는 무차초스 서커스단으로, 이들은 관객들로부터 열렬한 환영을 받을 뿐 아니라, 언론의 뜨거운 찬사를 한 몸에 받고 있다.

무차초스 서커스 공연은 우리가 익히 알고 있는 서커스 공연하고는 시작부터가 다르다. 오케스트라가 연주를 시작하면 조명이 관객들을 죽 훑고 지나가는데, 그때 느닷없이 관객들 사이에서 청바지에 스웨터, 또는 재킷이나 셔츠 따위의 차림을 한 아이들이 일어나 가운데에 있는 두 곳의 곡예장으로 뛰어간다. 아이들은 이리저리 흩어져 있는 의상을 찾아 입고 서로 분장을 해 준다. 그러고 나서 그네식 철봉을 흔들어 보기도 하고 밧줄이 단단히 묶여 있는지 확인해 본다. 또 곤봉과 고리를 던져 보기도 하고 말을 끌고 나오기도 한다. 무대가 그야말로 아수라장을 방불케 한다! 이렇게 저마다 준비를 하면서 아이들은 공연 시작을 알리는 노래를 부른다.

"오, 라라라라, 미안해요. 오늘도 또 늦고 말았어요. 오, 라라라라라, 공연 전에 한 번 더 연습해야 한다는 걸 까맣게 잊고 있었네요. 잠깐만 기다려 주세요. 빨리 옷을 갈아입고 말에 안장을 얹을게요. 오, 라라라라, 이제 곧 시작할게요."

여든 명의 소년 곡예사들이 펼치는 서커스 공연, 유쾌한 놀이와 뛰어난 기예가 어우러지는 쇼는 이렇게 시작한다. 여든 명의 소년 곡예사들 가운데 가장 어린 곡예사는 아홉 살, 가장 나이가 많은 곡예사는 열아홉에서 스무 살쯤이다.

신문을 읽는 황소

아이들은 능수능란하게 묘기를 부리고 말 위에서 곡예를 펼친다. 또 에스파냐에서 신성시하는 국기(國技)인 그 유명한 투우를 거리낌없이 풍자한다. 무차초스 서커스단이 풍자하는 투우에서는 투우사는 쓰러지지만 신문을 읽는 황소는 살아남는다. 또한 소 대신 말을 타고 숨 막히는 로데오 쇼를 보여 준다. 이렇게 어릿광대와 마술사, 줄타기 광대, 곡예사 들이 온갖 재주를 부리는데 아이들은 하나같이 매력이 넘친다. 이들은 갈리시아 해안의 어촌 마을들에서 볼 수 있는 것과 같은 백파이프 악단과 팝 밴드, 갖출 것을 다 갖춘 서커스 오케스트라와 함께 공연한다. 세 시간 동안 쉬는 시간 없이 이어지는 한 회 공연에 이 세 종류의 악단이 모두 선을 보인다.

아이들은 묘기를 부리다가 실패하면, 한 번이고 두 번이고 세

번이고 다시 시도한다. 그래도 스스로들은 물론 관객들도 신경 쓰지 않는다. 사회자는 소년 곡예사들이 묘기에 성공할 때까지 몇 번이고 "브라보, 무차초스!"를 외쳐 준다.

서커스단의 탄생

관객들은 열광한다. 그리고 놀란다. 저 곡예사들은 어디서 왔을까? 어디에서 곡예를 배웠을까?

서유럽에서 처음이자 지금까지 하나뿐인 서커스 학교, 벤포스타 국제 서커스 학교는 1964년에 세워졌다. 실바 신부는 서커스 학교를 세우면서 여러 가지 목표를 함께 이루고자 했다. 실바는 아이들이 무엇보다도 놀이를 좋아한다는 것을 알고는, 아이들에게 좀 어렵더라도 훌륭한 놀이를 과제로 주어, 놀이를 작업의 하나로 발전시키고 싶었다. 한편, 실바 신부는 처음부터 이 학교에서 서커스단을 만들어, 서커스단이 벤포스타의 사명을 예술로 변형해 전 세계에 전하도록 하겠다는 꿈을 가지고 있었다. 어느덧 실바의 꿈은 현실이 되었다.

서커스 학교의 초창기 교사들 가운데는 세계에 널리 알려진 프랑스 곡예사 오귀스토 르지(Augusto Lezzi) 같은 사람도 있다. 르지는 지상 곡예와 공중 곡예를 주로 가르친다. 르지는 몇몇 사람의 뛰어난 기량만 가지고는 안 되고 되도록 한 사람 한 사람이 모든 기술을 고루 익혀야 한다는 생각을 고집한다. 르지는 아이들이 언제나 조금 더 어려운 과제에 도전할 수 있도록 명예심을 일깨

'통 위에서 균형 잡기'는 무차초스 서커스의 절정에 속한다. 어느덧 아빌리오(열여덟 살)는 일곱 개(!)의 통 위에서 묘기를 부릴 수 있게 되었다.

공중 곡예를 할 때는 몸에 밧줄을 매, 만약의 사태에 대비한다.

운다. 아이들의 타고난 신체 소질과 재능을 충분히 활용하고, 공동 작업 속에서 그 성과를 검증해야 한다는 생각을 갖고 있다. 여기에서도 다시금 집단에 대한 믿음이 분명히 드러난다. 예를 들어, 여섯 명이 탑을 쌓듯 아래 사람 어깨를 딛고 층층이 서고, 마지막으로 그 위에 올라간 일곱 번째 아이가 공중제비를 넘는 묘기를 해 보자는 말이 나와서 모두가 그 제안을 받아들이는 경우, 공중제비를 도는 아이는 자기를 잡아 주는 동료 여섯 사람을 온전히 믿어도 된다는 사실을 알고 있다. 이런 식으로 오귀스토 르지는 수업을 하며 가장 어려운 부분을 아이들에게 습득시킨다. 아이들이란 어떤 묘기를 제대로 해내면서 기쁨과 만족감을 느껴 보기만 하면 혼자서도 줄곧 연습을 한다. 연습을 하다 보면 아이들은 자기의 힘과 기술을 나타내 보이는 것이 즐거워서 목표를 점점 높이 잡는다.

어느덧 서커스 학교의 교사 수는 열여섯 명으로 늘었는데, 모두가 유럽 여러 나라에서 곡예사로 한때 크게 이름을 날렸던 사람들이다. 서커스단 창단과 함께 연주자 스무 명으로 이루어진 서커스 오케스트라도 구성되었다. 지휘는 에스파냐 사람인 안토니오 블랑코(Antonio Blanco)가 맡고 있다. 오케스트라를 구성한 것이 계기가 되어 벤포스타에 직업 연주자 양성 학교가 생기기도 했다. 무대를 장식하는 그림과 서커스 포스터는 건축가 알베르토 무니스 산체스가 기획하고, 무용극 작가 호세 데 사모라(José de Zamora)는 어린 곡예사들의 무대 옷을 천 벌 넘게 디자인한다. 무

대 신발과 마구들이 그렇듯 곡예사들의 옷도 빠짐없이 다 벤포스 타의 재봉실에서 만들어진다. 쇠나 나무로 된 곡예 장비 가운데 벤포스타의 작업장에서 만들어지지 않은 것은 없다.

마침내 1968년, 그 유명한 프라이스 서커스단(Circo Price)이 무 차초스 서커스단을 세계 무대에 세워 첫 선을 보인다. 성공리에 공연이 끝난 뒤 서커스 감독이자 실바 신부의 삼촌인 페이호-카 스티야(Feijoo-Castilla)는 무차초스에게 자기네 서커스 천막을 선 물했다. 벤포스타 국제 서커스 학교는 실력을 증명했고, 이로써 무차초스는 순회공연을 다닐 수 있게 되었다.

이동 슈퍼마켓

1970년 파리의 그랑 팔레(Grand Palais)에서 열린 무차초스의 첫 외국 공연은 큰 성공을 거두었다. 6주 동안 이어진 무차초스의 파리 공연은 날마다 매진을 기록했다. 언론의 반응도 온통 열광 또 열광이었다.

"세계에서 가장 어리지만 최고 수준을 자랑하는 서커스단!"

─〈라 크루아 La Croix〉

"이 쇼의 성공 비결을 알아냈다. 아이들은 뜻하지 않게 실패하면 웃음을 터뜨린다. 그 아이들의 비결은 삶의 기쁨이다."

─〈프랑스 수아르 France-Soir〉

무차초스가 그저 즐거운 쇼 프로그램만이 아니라 그것을 뛰어넘는 것을 주기 때문에 이러한 반응들이 나오는 것이다. 실바 신부는 말한다.

"우리의 어린 곡예사들은 이념을 전달하는 사절입니다. 이 아이들의 사명은 전 세계에 기쁨과 사랑과 평화를 전하는 것이지요."

그래서인지 무차초스는 '평화의 사절'을 모든 공연의 절정으로 여긴다. '평화의 사절'은 아이들이 호세 데 사모라와 함께 만든 것으로, 이야기와 노래와 춤이 합쳐진 극이다. 여기에 '평화의 사절'에 나오는 노래의 노랫말을 소개한다.

우리는 세상의 아이들,

손에 손을 잡고 하나 되어 나아가요.

전쟁은 삶을 어둡게 하는 것, 우리는 바라지 않으니까요,

그러니 하느님, 우리에게 전쟁 없는 승리를 주세요.

많은 이들에게 그날 먹을 양식조차 주어지지 않아요,

배고픔과 싸워 이기게 해 주세요.

철근과 콘크리트 위에 생명 없는 도시들을 쌓아 올리고,

사람보다 생명 없는 도시가 세상의 주인이 되게 하는 돈,

돈과 싸워 이기게 해 주세요.

정신을 못 쓰게 만들고 우리의 노래를 멎게 하는

악덕과 싸워 이기게 해 주세요.

또한 기도하오니, 가난 속에서 살지 않아도 된다면

더 나아질 수 있는 많은 아이들을 불쌍히 여겨 주세요.

하느님, 우리에게 평화를 주세요,

착한 마음을 가진 모든 이들에게 당신이 약속한 평화를.

세상의 모든 아이들이 우리처럼 손에 손을 잡을 수 있다면,

형제를 죽이는 범죄는 끝날 거예요.

세상의 모든 아이들이 우리처럼 느낄 수 있다면,

두려움도 절망도 없을 거예요.

세상의 모든 아이들이 우리처럼 기도하게 된다면,

이 세상은 평화와 사랑의 정신으로 가득 찰 거예요.

파리 공연을 시작으로 스위스와 벨기에에서도 초청 공연이 이루어졌다. 사람 백 명과 말 열 필, 짐 35톤이 이동해야 하는 만만치 않은 여행이었다. 하지만 외국에서도 도시 국가로서의 완전한 자율은 지켜진다. 공연이 끝나면 밤 11시에 총회가 열린다. 재정 장관이자 어릿광대인 후안 레랑카 가스코(Juan Leranca Gasco)가 벤포스타의 가구 공장이나 빵 공장에서 일하는 또래 아이들과 똑같은 액수의 봉급을 서커스 단원들에게 코로나로 준다. 매회 공연이 시작되기 전에는 서커스단 아이들을 위해 커다란 상자가 열린다. 그 상자가 바로 이동 슈퍼마켓이다. 오전이면 아이들은 책상과 걸상을 무대에 갖다 놓고 수업을 받는다. 밧줄과 그네식 철봉 밑에서 역사나 수학 따위를 공부하는 것이다.

천문대

여행할 때에도 아이들의 지식욕과 호기심은 끝이 없다. 그래서 공연하는 나라에 대해 배울 기회를 주는 프로그램이 날마다 짜여진다. 정유소와 공장, 음악당, 미술관 같은 곳을 방문하는 프로그램이다. 하지만 어느 나라에서든 아이들이 가장 가 보고 싶어하는 곳은 바로 천문대!

함부르크 천문대 대장인 요제프 벨러(Josef Beller) 박사는 리처드 그램보(Richard Grambow) 박사의 강연에 어린 곡예사들을 초청했다. 강연 시간은 45분으로 예정되어 있었다. 그램보 박사는 프랑스 말로 강연을 했다. 사방에서 소근거리는 소리가 들려서 둘

러보니, 옆자리의 친구들에게 강연 내용을 에스파냐 말로 통역해
주는 아이들이 군데군데 눈에 띄었다. 다행히 이날 오전 천문대
강당에 다른 일반인은 없었다. 마치 이곳에서 반나절 만에 우주의
비밀을 다 풀 셈이라는 듯이, 아이들은 그 천체 전문가에게 거의
네 시간 동안 질문을 퍼부었다.

　베를린에서도 어린 곡예사들은 천문대에 '잠깐' 들렀다. 뒤셀도

르프에서는 아이들에게 특별히 흥미 있는 게 무엇이냐고 묻자, 아이들은 총회에서 토론으로 결정한 것도 아닌데 망설임 없이 한 목소리로 대답했다. 천문대!

곡예장 파티

무차초스 서커스단의 독일 순회공연에는 관람객이 많이 몰리지 않았다. 아이들이 제대로 된 서커스 프로그램을 짠다는 걸 상상할 수 없었던 탓이다. 이것은 아이들의 행동과 능력을 턱없이 낮게 평가하는 데서 오는 흔한 선입견인데, 이러한 선입견이 아이들과 어른들의 관계를 또렷이 보여 주는 것 아닌가 하는 생각이 든다. 무차초스 서커스단의 독일 순회공연을 기획한 사람은 함부르크 '어린이 극장'의 대표인 우베 데켄(Uwe Deeken)과 나였다. 우리는 이 기회에 무대 가까이에서 아이들의 생활과 활동을 지켜 볼 수 있었다. 우리는 아이들이 함부르크나 베를린의 여학생들과 여는 '곡예장 파티'에 참석하기도 했는데, 서커스 무대를 댄스 플로어로 이용하는 게 바로 곡예장 파티다. 우리는 저녁 총회에도 참석했다. 총회에서 아이들은 그날 공연을 놓고 비평을 하기도 하고 서로 논쟁을 벌이기도 했다.

나는 어린 곡예사들의 연습 장면에서 정말로 멋진 느낌을 받았다. 조명을 반쯤 밝혀 놓은 곡예장에서는 큰 혼란이 일고 있었다. 여기저기서 토론이 벌어지는가 하면 서로 맞붙어 뒹굴기도 하고 고함을 지르기도 했으며, 장비들을 준비하고 보호 그물을 설치하

고 말들을 운동시켰다. 또 한 컨에서는 오케스트라가 귀청이 떨어
져 나갈 듯이 소리를 높여 악기를 조율하고 있었다. 그러다가 실
내가 점점 조용해지면서 아이들이 연습에 몰두하는 게 느껴졌다.
어린 곡예사들은 정신을 집중해 친구들의 들릴락 말락 한 낮은 목
소리에 맞추어 연습하고 있었다. 그런데 교사들, 어른들은 어디에
있는 것일까? 보통 같으면 어른들의 조직력과 지식, 시범, 지도가

없으면 아이들끼리는 아무것도 못 하지 않던가? 하지만 어른이라고는 한 사람도 보이지 않았다. 이 아이들에게는 어른이 필요하지 않은 것이다.

그네식 철봉에서 리오 무니(Rio Muni) 출신의 열네 살짜리 곡예사 피오(Pio)가 연습을 하고 있었다. 피오는 기니의 교육부 장관 아들이자 그네식 철봉 곡예 분야에서는 세계에서 가장 어린 곡예사다. 아이들은 날아가서 붙잡기와 자리 바꾸기, 공중제비의 가장 어려운 대목을 참을성 있게 몇 번이고 피오와 되풀이해서 연습했다. 한 차례씩 연습이 끝날 때마다 아이들은 서로 잘못된 점을 짚으며 바로잡아 주었다. 서커스 도시의 시장인 헤수스 고메스(Jesus Gomez)는 자기도 말을 연습시키느라 쉴 틈이 없으면서도, 아주 어린 꼬마 곡예사가 주근깨 납작코 위에다 찻숟가락과 컵을 얹고 까다로운 묘기를 연습하는 것을 틈틈이 도와주었다. 고메스는 아무렇지도 않게 말했다.

"아이들 마음은 다 똑같습니다. 어떤 아이든 자기가 지금 하고 있는 것을 잘하고 싶어 하지요. 그것뿐이에요."

꼬마 어릿광대, 판크라시토와 나랑히타

판크라시토(Pancracito)가 방금 동생 나랑히타(Naranjita)가 '죽은' 것을 슬퍼하며 무대에서 시신을 끌어내리려고 애쓰는 동안 나랑히타가 판크라시토 등 뒤에서 관객을 보고 얼굴을 찌푸려 보이면 관객들은 배를 잡고 웃는다. 이 두 어릿광대의 익살이 가장 훌륭

해 보인 것은, 두 아이가 함부르크에 있는 청각 장애아 학교에서 학생들에게 어릿광대 가면극을 미리 선보였을 때이다.

열다섯 살인 어릿광대 판크라시토는 에스파냐 남부의 헤레스 데 라 프론테라(Jerez de la Frontera) 출신으로, 본명은 페르난도 알바레스 곤살레스(Fernando Albarez González)이다. 페르난도는 아홉 살 때 무차초스 서커스단을 알게 되었다. 무차초스 서커스단 이 이웃 도시인 카디스(Cádiz)에서 공연을 했던 것이다. 페르난도 는 거의가 자기 또래인 아이들의 공연을 보고 어찌나 감동을 받았 는지, 자기가 되고 싶은 게 무엇인지를 그 순간에 깨달았다. 무차 초스 서커스단의 어릿광대! 페르난도가 식구들에게 자기 꿈을 이야기하자, 으레 그렇듯이 집안이 발칵 뒤집혔다. 그렇지만 페르난도는 포기하지 않고 자기 부탁을 대신 말해 줄 훌륭한 변호사를 찾았다. 바로 실바 신부였다. 실바 신부가 페르난도의 부모님을 찾아갔다. 페르난도의 아버지는 미장이로 자식을 아홉 두었는데 실바 신부와 오래 의논한 끝에 마침내 허락했다. 이렇게 해서 아홉 살짜리 소년은 벤포스타로 오게 되었다. 그러나 페르난도는 작업장이나 경찰 업무, 은행 업무에는 별 흥미를 느끼지 못했다. 페르난도가 원하는 것은 오로지 어릿광대가 되는 것뿐이었다. 그리고 놀라운 흉내내기 재능 덕에 페르난도는 운명처럼 곧장 어릿광대 역을 맡게 되었다.

페르난도가 어릿광대가 된 것과 거의 비슷한 때에 오렌세 옆의 작은 산골 마을 출신인 후안 레랑카 가스코(나이도 페르난도와 같다)도 어릿광대 옷을 입게 되었다. 마침 어릿광대 역을 하던 아이들 가운데 하나가 병이 났기 때문이다. 페르난도와 후안의 합동 공연은 첫 순간부터 무차초스의 유명한 2인조 어릿광대의 탄생을 예고했다. 판크라시토와 나랑히타! 이 둘이 만드는 작품은 서커스 학교에서 마지막 연마 과정을 거쳤다. 서커스 학교에서 이들을 지도한 스승은 이탈리아 출신의 탁월한 어릿광대 아나스타시니 (Anastasini)였다.

후안 나랑히타는 독일 순회공연에서 기자 회견을 할 때마다 스타였다. 후안은 서커스 도시의 재정 장관이기도 한데 아무리 날카로운 질문이라도 답변을 못 하는 일이 없었다. 질문이 쏟아

"사람들에게 웃음을 주는 것도 중요하지만 병을 고쳐 주는 것도 그에 못지않게 중요해요." 무차초스 서커스단의 어릿광대 판크라시토(열다섯 살)는 말한다. 판크라시토는 나중에 의학을 전공하고 싶어 한다.

질 때마다 번번이 재치 있고 빈틈없는 답변으로 사람들을 놀라게 했다.

페르난도 판크라시토는 대학 입학 자격을 따고 싶어 했다. 서커스를 하던 아이가 서커스단을 떠나 활동 무대를 곡예장에서 대학으로 옮기는 것을 가끔 보았던 것이다. 무차초스 가운데 처음으로 의대에 진학하는 게 꿈이다. "사람들에게 웃음을 주는 것도 중요하지만 병을 고쳐 주는 것도 그에 못지않게 중요해요." 페르난도는 무슨 일을 하든 그 일에서 자기가 맡아야 할 임무가 무엇인지 알고 있다. 때문에 언제 얼마만큼 연습해야 한다고 얘기해 줄 사람이 필요치 않다. 연습은 다른 무엇보다도 중요하고, 노는 것과 똑같이 즐겁다고 페르난도는 말한다. "우리는 노는 걸 좋아해요. 어떤 아이들이 우리처럼 진짜 서커스를 하면서 놀 수 있겠어요?"

벤포스타를 무척 인상 깊은 말로 간단명료하게 정리해 준 사람도 바로 이 아이였다. 언젠가 아내와 내가 페르난도 판크라시토와 함께 마드리드의 길거리 카페에 앉아 있을 때였는데, 마드리드에 있는 다른 학교와 벤포스타의 차이가 무엇이냐고 묻자 페르난도는 이렇게 대답했다.

"벤포스타는 학교가 아니라 아주 자유로운 도시예요. 다른 학교들은 아이들이 교사의 장단에 맞춰 춤을 춰야 하는 그냥 학교일 뿐이고요."

그 사이 페르난도의 열한 살짜리 동생인 에르마노(Hermano)도 부모님을 상대로 몇 차례 '투쟁'을 벌인 끝에 지금은 이 자유 도시에서 살고 있다.

소나무 숲 속 죽음의 사다리

그 사이 무차초스 서커스단은 에스파냐로 돌아와 새로운 순회 공연을 준비하고 있다. 어떤 그룹은 무차초스 서커스와 협력 계약을 맺은 프라이스 서커스단에서 공연을 하고, 또 어떤 그룹은 에

스파냐와 프랑스의 텔레비전 방송에 출연하고 있다. 1973년에는
미국 순회공연을 하기로 했고, 얼마 전에는 일본 공연 일정도 잡
혔다.

　하지만 연습은 계속된다. 그리고 아이들은 연습하기에 더 없이
좋은 장소를 찾아냈다. 놀랍게도 나는 독일 순회공연 때 본 장비
들을 벤포스타의 소나무 숲에서 다시 보았다. 빨간색과 흰색으로
칠한 그네식 철봉 버팀목, 팽팽하게 당겨진 밧줄을 지탱하고 있는
기둥, 죽음의 사다리와 도약판이 소나무 숲에 설치되어 있었던 것
이다. 여름철의 무더위와 시간 부족(서커스단에서 활동하는 아이
들도 예외 없이 수공 기술을 한 가지씩 배운다) 때문에 서커스단

은 오후 늦게부터 저녁까지 연습을 한다. 모두들 새로운 프로그램을 연습하고 있었다. 예컨대 지금까지는 땅 위에서만 작업을 하던 여덟 명의 이카리어(한 사람이 바닥에 누워서 두 발로 파트너를 회전시키는 묘기를 하는 곡예사)가 사다리를 타고 올라가 4미터 높이에서 조심스럽게 연습하는 따위 말이다.

서커스단이 연습을 할 때는 훈련을 쌓고 있는 여든 명쯤 되는 서커스 학교 학생들이 비판의 눈을 갖춘 관객 노릇을 한다. 벤포스타 서커스 학교에서는 형식으로나 내용으로나 모스크바 국립 서커스단에서밖에는 볼 수 없는 인기 프로그램을 몇 가지 가르치고 있다.

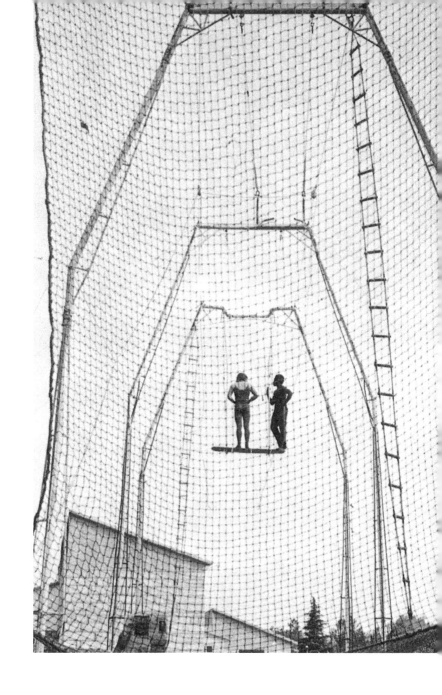

무차초스는 작은 마구간을 갖고 있다. 교사 가운데 말을 기르고 관리하는 사람이 있다. 서커스 때 말과 함께 곡예를 하는 아이도 말을 길들인다. 말들은 실내 승마장이나 마술 (馬術) 연습장에서 연습에 참여할 때 말고는 벤포스타 안을 마음대로 뛰어다닌다.

곡예사들은 벤포스타 곳곳에 연습 장비를 설치해 두었다. 지금은 한 조를 이룬 아이들이 그네식 철봉에서 연습을 하고 있다. 왼쪽에 있는 아이가 어릿광대 판크라시토이다. 어린 곡예사들은 한 가지 기술을 완전히 익히고 나면 새로운 곡예를 연습한다. "우리는 노는 걸 좋아해요. 어떤 아이들이 우리처럼 진짜 서커스를 하면서 놀 수 있겠어요?" 어린 곡예사들이 하는 말이다.

156 어린이 공화국 벤포스타

　예를 들어, 무차초스는 불규칙하게 쌓아올린 통 위에서 균형 잡는 묘기를 선보이고 있다. 벤포스타 출신의 곡예사 세 명은 지금 미국에서 '롤랜드 브라더스'라는 이름으로 이 묘기를 선보여 큰 박수를 받고 있다. 통 다섯 개 위에서 균형을 잡는 것이 이 종목의 세계 기록이다. 독일 순회공연 때 우리는 열여덟 살의 아빌리오(Abilio)가 연습하는 모습을 지켜보았는데, 아빌리오는 통 여섯 개와 일곱 개를 가지고 균형 잡기 묘기를 해 보려 하고 있었다. 함부르크 고별 공연 때 아빌리오는 3천5백 명의 관객이 지켜보는 가운데 마침내 이 묘기를 해내고야 말았다. 아빌리오는 일곱 개

서커스 학교는 오렌세 시의 체육관을 쓰고 있다. 이곳에서 열여섯 명의 교사가 여든 명의 학생들에게 갖가지 서커스 종목을 가르치고 있다.

의 통 위에 환하게 웃고 서 있었다. 지금 벤포스타 서커스 학교에서는 아홉 살에서 열한 살 사이의 아이 다섯이 '통 위에서 균형 잡기'를 연습하고 있다.

삶의 기쁨과 형제애

성공이란 것은 정말 멋진 것이다. 또한 예술가라면 누구에게나 필요한 자기 확인의 증표이기도 하다. 그러나 나는 이런 성공에 취한 아이들을 아직 보지 못했다. 그 아이들을 자랑스러움으로 채우는 것은 자기들의 도시뿐이다. 아이들은 서커스에서 거둔 성공을 특별한 것으로 보지 않는다. "별것 아니에요." 하고 말한다. 아

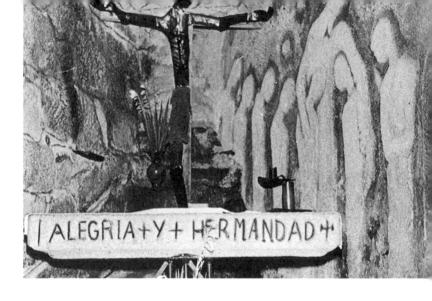

'알레그리아 이 에르만다드', 삶의 기쁨과 형제애라는 뜻이다.

이들은 자기들의 활동에 대해 무척 겸손한 태도를 보인다. 경쟁심 같은 것은 없다. 아이들에게 자기들의 공연 활동은 '알레그리아', 곧 '삶의 기쁨'이라는 말의 또 다른 형태일 뿐이다.

알레그리아 이 에르만다드(Alegría y Hermandad)—삶의 기쁨과 형제애.

이것이 어린이 나라의 생활과 모든 활동의 중심을 이루는 두 가지 개념이다. 무차초스 서커스는 어린이 나라의 모든 생활과 활동 가운데 세상 사람들이 볼 수 있는 아름다움의 일부분이다.

큰 모험

산 페드로 데 로카스에 있는 오래된 수도원은 어린이 공화국의 심장과도 같은 곳이다. 무차초스로 하여금 세상을 변화시킬 수 있게 하는 힘이 바로 여기에서 나온다.

이 수도원 말고 어린이 공화국의 다른 지역에서는 주민 모두가 생계 활동과 건설 공사에 참여한다. 그러나 산 페드로 데 로카스에서는 자기 뜻에 따라 신청한 아이들만이 참가하는 특별한 교육이 이루어진다.

일 년 안팎의 교육 기간 동안 아이들은 일반 사회의 다양한 영역들은 물론이요 인간 행동의 잘못된 모습들까지 두루 보고 겪게 된다. 적어도 열다섯 살은 되어야 참가할 수 있다. 올해는 신청자가 많았다고 하는데, 신청자 모두가 교육을 끝까지 견뎌 내는 것은 아니다. 실바 신부와 아이들은 이것을 '큰 모험'이라 부른다. 지금까지 일곱 차례에 걸쳐 실시되었으며 많은 아이들이 큰 모험을 통과했다.

　모험가들은 이 교육에서, 벤포스타는 온실이 아니며, 현실을 잘
알려면 현실과 당당히 맞서야 한다는 것을 겪게 된다.

　험한 산속에 외따로 떨어진 산 페드로 데 로카스에서 실바 신부
가 지도하는 철저한 준비 과정으로 큰 모험은 시작된다. 산 페드
로 데 로카스에서 살아가는 조건은 겉보기에는 멋질 것 같지만,
사실은 몹시 엄격하다. 아이들은 딱딱한 나무 침대에서 싸구려 담
요 한 장을 덮고 자며, 끼니는 스스로 지어 먹어야 하고, 하루에
30분씩 두 차례를 빼고는 종일 침묵을 지켜야 한다.

　이 같은 준비 기간을 석 달 보내고 나면, 아이들은 먼저 두어 모

"불에 손을 넣으려면 아픔을 느낄 만큼 깊이 넣어야 한다. 또한 우리는 허구한 날 기도만 해서는 안 된다. 많은 사람들이 그렇듯이 아무것도 하지 않으면서 그저 앉아서 기도만 해서는 안 된다. 나는 온 세상을 불안하게 만드는 문제들에 대해 차분히 조용조용 이야기할 수 없다." — 실바 신부

둠으로 나뉘어 병원으로 봉사 활동을 간다. 병원에서 활동하는 기
간은 한 달이다. 그다음 한 달 동안은 철에 따라 일하는 곳이 다르
다. 어부들과 함께 대서양으로 고기를 잡으러 나가기도 하고, 겨
울에는 눈 때문에 고립된 갈리시아 지방의 산골 마을에서 한 달

을 보내기도 한다. 그다음에는 에스파냐의 소년 교도소에서 죄수의 몸으로 고통스러운 4주를 보내게 된다. 실바 신부 말에 따르면, 아이들이 이 시련을 겪는 것이 처음에는 쉽지 않았다고 한다. 교도소 당국이 아무리 한 달 동안이라고는 하지만 죄도 짓지 않은 아이를 감금해 둘 수는 없다는 생각을 고집했기 때문이다.

그리하여 실바 신부는 일을 꾸몄다. 아는 사람들 가운데 자전거를 가지고 있는 사람과 미리 짜고 약속한 시간에 집 앞에 자전거를 세워 두게 한 다음, 교도소 체험을 원하는 아이들에게 자전

거를 훔치게 한 것이다. 이 범죄에 내려지는 처벌이 딱 한 달 동안 감옥에 갇히는 것이었다. 이렇게 해서 자전거 주인은 자전거를 돌려받고, 자전거를 훔친 아이는 감옥과 범죄와 처벌에 대해 온몸으로 배우게 된다.

소년 형법에 가벼운 범죄는 전과에 기록하지 않는다는 조항이 있기 때문에, 이쯤의 일로 아이의 장래에 해가 될 걱정은 없다. 그러는 사이에 이해심 많은 몇몇 교도소장들이 실바 신부의 의도를 알게 되어, 오늘날에는 자전거를 훔치지 않고도 교도소 체험을 할

수 있게 되었다.

그다음 한 달은 에스파냐 대도시의 빈민가에서 청소년들을 올바른 길로 인도하는 활동을 한다. 아이들은 이렇게 한 해를 보내면서 가장 힘든 문제가 있는 곳들을 속속들이 알게 된다.

교육 과정 가운데는 이런 것도 있다. 한 달 동안 아이들이 셋씩 짝을 지어 마을을 돌아다니며 구걸하며 지낸다. 실제로 가진 것이 하나도 없을 때 심정이 어떠한지, 사회가 가난한 사람들을 얼마나 멸시하는지 체험하기 위해서이다.

우리와 이야기를 나누던 아이들은 자기들이 견뎌 낸 큰 모험에서 구걸로 보내는 한 달이 가장 중요하고 깨닫는 것이 많은 시기라고 했다.

큰 모험을 준비하는 과정에서 실바 신부는 소년 둘과 함께 이 모든 상황을 몸소 겪어 보았다고 한다. 실바 신부는 자기가 미리 체험해 보고 실행 가능성을 따져 보지 않은 일들은 아이들에게 요구하지 않는다.

모험가들은 일 년 가운데 남는 기간을 가까운 항구의 부두에서 배 청소부로, 나중에는 건설 현장에서 잡역부로 일하며 보낸다.

큰 모험에 참가한 아이들 가운데 이러한 한 해 동안의 수련기를 부담으로 여기는 사람은 없었다. 아이들에게 이 기간은 바로 자기들이 머무는 이 험한 곳들에 존재하는 신을 찾는 기회다. 몹시 힘겹고 충격으로까지 다가오지만 이 모험이 앞으로의 삶을 대하는 자기들의 태도를 결정해 주는 체험, 사람다운 체험이 된다.

'큰 모험'의 한 과정. 아이들은 가까운 항구 도시에서 몇 주 동안 배 청소부로 일하거나 고기잡이배에서 어부들을 도와 일한다.

아이들은 큰 모험이 끝나면 더욱 풍부해진 지식과 깨달음을 품고 공화국으로 돌아와, 모험에 참가하기 전의 일상생활을 다시 시작한다.

이 '시험의 해'가 지니는 뜻은 모험을 견뎌 내는 데에만 있는 것이 아니다. 모험가가 그 체험에서 당연한 결론, 곧 벤포스타의 새로운 정신에 온전히 헌신하겠다는 각오를 끌어낼 때 비로소 가장 어려운 시험을 통과했다고 할 수 있다. 산 페드로 데 로카스에서 '시험의 해'를 강도 높게 준비하는 과정을 거치며 큰 모험을 겪은 아이들은 자기 경험과 지식을 다른 아이들에게 올바르게 전달할 수 있게 된다. 말하자면 아이들은 자기 경험을 손에 땀을 쥐게 하는 여행담으로서가 아니라, 아이들의 도시를 떠난 뒤 자기들을 기다리고 있던 세상과 만난 것으로 전달하는 것이다. 큰 모험은 아이들이 직업을 고르는 데도 크게 영향을 미친다.

페케뇨(Pequeño, 꼬마)라는 별명을 가진 나이트클럽 종업원의 이야기가 좋은 예다. 어느 날 열다섯 살 난 귀여운 사내아이가 벤포스타를 찾아왔다. 글이라고는 읽을 줄도 쓸 줄도 모르는 아이였는데, 겨우 입에 풀칠이나 할 만큼 돈을 받으며 대서양 연안 항구 도시의 나이트클럽에서 종업원으로 일했다. 아이는 자기 형처럼 독일에 '해외 취업자'로 나가 돈을 많이 벌고 싶어 했다. 그래서 벤포스타에서 기계공 도제 수업을 받으며 독일말도 좀 배우고 싶다는 것이었다. 이렇게 해서 이 아이는 어린이 나라의 주민이 되었다.

페케뇨(스물두 살)는 살라망카에서 신학을 공부하고 있다. 페케뇨가 무차초스에 대해 처음 얘기를 들은 것은 열다섯 살 때였는데, 입에 겨우 풀칠이나 할 만큼의 월급이나마 받으려고 나이트클럽 종업원으로 일하고 있었다. 글이라고는 읽을 줄도 쓸 줄도 몰랐다. 페케뇨는 여기 와서 6년 만에 대학 입학 자격을 땄으며 청소년 교육 문제에 관심이 많아 큰 모험에 참가했는데, 큰 모험에 참가한 경험이 직업을 고르는 데 큰 영향을 미쳤다고 한다.

실바 신부는 '꼬마'의 얘기를 듣고, 그 아이가 얼마나 부푼 꿈을 안고 있는지 알게 되었다. 실바는 아이를 설득해, 일단 기계공 수업은 접어 두고 먼저 학교 교육을 받도록 했다. 성과는 깜짝 놀랄 만한 것이었다. 페케뇨는 겨우 몇 해 만에 대학 입학 자격 시험을 통과하고, 청소년 교육 문제에 큰 관심을 갖게 되었으며 큰 모험에 참가해 온갖 힘겨운 상황들을 잘 견뎌 냈다.

지금 페케뇨는 살라망카에서 신학을 공부하고 있는데, 실바 신부처럼 사제가 되는 것이 꿈이다. 페케뇨는 방학이면 아레아스의 여름 캠프를 맡아 이끌고 있는데, 어린 꼬마들에게 유난히 인기가 좋고 나이 든 애들에게는 뛰어난 연기력과 특출난 흉내내기 재능 덕에 감탄의 대상이 되고 있다.

우리는, 늘 밝고 명랑한 이 아이가 미장이인 아버지와 함께 아레아스에 휴양지가 생기기 전 아이들의 숙소로 쓸 돌 오두막집을 열두 채나 지었다는 사실도 알게 되었다.

실바 신부는 큰 모험으로 무차초스의 '혁명', 곧 기독교에서 말하는 사랑을 통한 혁명을 준비하고 있다. 순진하다고? 그게 어때서? 실바는 웃으며 이렇게 반박할 것이다. 실바는, '더 많은 것을 아는 사람'이 아니라 '더 나은 세상을 만드는 사람'이 되기를 소망한다. 실바가 말하는 이웃 사랑은 온순한 어린 양의 고통스러운 표정이 아니라 철저하게 투사의 모습을 띠고 있다.

싸움을 하다 보면 질 수도 있는 법, 벤포스타에서는 큰 모험을 이겨 내지 못했다고 해서 그 아이를 비난하려 드는 사람은 없다.

또한 시험을 견뎌 내고 친구들에게 돌아오는 아이라고 해서 특별히 남다른 체하지도 않는다. 오히려 당연한 임무처럼 여겨, 자랑 같은 것은 하지 않는다.

큰 모험에 참가하는 아이들이 어른들의 세상에서 보내는 기간 내내 자기가 어린이 나라 출신임을 밝히는 것은 금지되어 있다. 아이들은 완전히 익명으로, 그리고 혼자 힘으로 이 일 년을 감당한다. 도움이 되는 것이 있다면 오직 한 가지, 특별히 힘겨운 사정에 놓일 때 둘씩 또는 셋씩 힘을 모을 수 있다는 것뿐이다.

지금까지 예순 명쯤 되는 아이들이 큰 모험에 도전하여 자기가 사람임을 증명했다. 이 아이들은 가난으로 고통받는 이웃의 얼굴을 더욱 잘 알아볼 수 있도록, 이웃이 있는 곳에서 하느님을 찾도록 선택된 사람들이다.

실험 지대

어린이 공화국의 나이는 지금 열일곱 살이다. 어린이 공화국은 아직 완성되지 않은 조직이다. 방문객은 입국 수속을 마치고 세관을 통과하면, 스스로를 아이들의 도시라 자랑스럽게 부르는 땅에 발을 들여 놓게 된다. 그리고 방문객은 자기가 뜻밖에도 건설 현장에 있는 것을 알아차린다. 벤포스타는 말 그대로 '준비된' 잠자리에 고이 가서 눕기만 하면 되도록 말끔하게 완성된 상태로 아이들에게 넘겨진 어린이 마을이 아닌 것이다. 이 도시에는, 방금 페인트칠을 해 반짝반짝 빛나고 위생에서 문제가 될 것이 없는 시설이나 반지르르하게 깎은 잔디밭, 잡초 한 포기 없는 꽃밭 따위는 없다. 잘 손질해 가꾸어 놓은 어린이 시설 같은 것이 아니다. 도시 전체가 차라리 울타리 없는 널따란 모험 놀이터라는 인상을 준다.

벤포스타가 미완성의 상태라는 것은 어린이 공화국이 성숙하지 못한 곳이라는 증표가 아니다. 서둘러 바로잡아야 할 결점이 아니라는 말이다. 오히려 정반대로, 언젠가 모자란 점이 아무것도 없게 된다면, 그것이야말로 이 도시의 가장 본질적인 결점이 될 것이다. '앞으로 건축 계획을 모두 이루어 내고 조직의 문제를 다 해결해, 완성된 도시를 관리하고 평온과 질서를 정착시킨다.'와 같은 목표는 상상도 할 수 없을 뿐더러, 실바와 아이들은 그런 목표를 이루려 애쓰지 않는다. 모든 것이 완벽하게 맞물려 돌아가는 조직 체계, 그것은 아마도 이념의 무덤일 것이다. 실바와 아이들은 자기들을 기다리는 것이 이렇게 아무 생기 없는 아름다움을 지닌 새로운 세계라면, 분명코 벌써 오래전에 갈리시아의 산속으로 달아났을 것이다.

아이들의 도시에서 '조직'은 중요한 구실을 한다. 그리고 방문객들은 인구수가 적지 않을 뿐더러, 유지비가 꽤 드는 수많은 지부에다가, 순회공연을 다니는 서커스단까지 딸린 이 공화국에서 사고와 마찰이 거의 없는 것을 알고 또다시 놀라게 된다. 2천 명에 가까운 어린이와 청소년들의 의식주를 해결하기 위한 조건들은 어림짐작으로 계산해 봐도 여간 크고 복잡한 게 아니다. 그런데도 어린이 공화국의 주민들은 일상의 요구를 충족시키는 데 자기들이 가진 에너지의 최소치만을 쏟는다. 아이들은 물 위로 몸을 내밀고 있지만, 그것은 물에 빠질까 두려워서가 아니라 열심히 헤엄을 치고 싶어서이다.

벤포스타를 찾아오는 방문객들은 이 도시의 모든 건물들을 하나도 빠짐없이 둘러보아야 한다. 열두 살짜리 안내인은 콘크리트로 울퉁불퉁하게 지은 정말 보잘것없는 창고 벽 앞에서도 약삭빠른 부동산 중개인처럼 듣는 이의 귀를 솔깃하게 만드는 열변을 토한다. 안내를 맡은 아이는 그 건물의 공동 소유주로서, 자기들 손으로 지은 그 건물을 무척 자랑스러워 한다.

그러나 이 도시에서 가장 아름다운 건축물은 언제나 아직 지어지지 않은 건물이다. 내가 벤포스타에 머무는 동안, 흥분과 감격으로 목은 쉴 대로 쉬고 눈망울은 반짝반짝 빛나는 아이들이 풀이 우거진 비탈이나 평평한 자갈밭으로 나를 끌고 간 적이 한두 번이 아니었다. "금세, 아주 금세예요. 아마 내년쯤이면 될 거예요." 아이들은 언젠가 그곳에 우뚝 솟게 될 멋진 건물의 모습을 휘황찬란한 빛깔로 그려 보이곤 했다.

실바는 말할 것도 없고 아이들 모두가 몽상가이자 기획자이다. 그 아이들은 멋진 미래를 위해 언제나 원대한 계획을 세우고 잘못된 점이 드러나면 없애 버리고 또다시 계획을 짜고 해야지, 그러지 못하면 풀이 죽은 모양을 하거나 좀이 쑤셔 못 견딘다.

어린이 나라에서 조직은 무엇보다도 중요한 구실을 한다. 그러나 이곳 아이들이 조직에 대해 이야기할 때(아이들은 조직에 대해 결코 말만 하는 것이 아니다. 조직이라는 말이 아이들 입에 오른다는 것은 이미 뭔가 아슬아슬한 곡예를 하고 있다는 뜻이다), 그 조직이라는 말에는 아주 독특한 뜻이 담겨 있다. 아이들이 말하는 조직은 '계획 달성'이라든가 '빈틈없는 관리'라든가 '효율성 위주의 경영'과는 아무런 상관도 없다. 오히려 이 아이들에게 조직이라는 낱말은, 화폐 개혁 전의 경제 파탄기나 전쟁 때 쓰이는 조직이라는 말, 먹을 것이나 땔감을 '조직'할 줄 알아야 무사히 살아남는다고 얘기할 때의 '조직'을 떠올리게 한다. 무차초스가 말하는 조직은 바로 이런 긴급 조치 또는 임시방편이란 뜻을 갖는다. 벤포스타의 겉모습과 어린이 나라의 생활에서 드러나는 '임시'라는 성격은 우연히 생겨난 것이 아니라, 의식해서든 아니든 아이들의 요구와 필요에 따라 만들어진 것이다. 긴급 조치가 필요한 상황, 상상력 발휘를 요구하는 상황들이 끊임없이 아이들에게 자극을 주어, 아이들로 하여금 새로운 것을 창조해 내는 능력을 끌어내고 넘기 힘든 걸림돌 앞에서도 용기를 잃지 않게 한다.

내가 처음 벤포스타와 무차초스에 대해 자세히 들었을 때는, 당연히 그 얘기를 한 마디도 믿지 않았다. 어째서 그랬을까? 내가 그 아름다운 동화를 거부한 까닭 가운데 중요한 것은, 이 독특하고 작은 어린이 공화국이 하필이면 에스파냐에, 그것도 프랑코 (Francisco Franco, 뫼비우스가 방문했을 때의 총통. 1인 독재를 한 파시스트로서, 에스파냐 내전이 끝난 뒤인 1939년부터 1975년에 죽을 때까지 에스파냐를 통치했다)의 고향인 갈리시아 지방에 있다는 점 때문이었다. 자치의 원리를 지키며 경제에서도 자립했고, 거기다 훌륭한 어린이 서커스단까지 갖춘 민주주의 교육 실험이 스웨덴이든 네덜란드든 프랑스 남부든지 간에, 에스파냐가 아닌 다른 어느 곳에서 시도되고 있다는 얘기를 들었더라면, 오래 망설이지 않고 당장 그것에 대해 더 많이 알고 싶어 했을 것이다. 그런데 하필이면 에스파냐라니? 사실일 리 없다고 생각했다!

하지만 그것은 사실이었다. 그 사이 나는 4주를 벤포스타와 어린이 공화국의 여러 외부 영토(지부들)에서 생활하고, 10주 동안 무차초스 서커스단과 함께 독일 전역을 거침없이 여행했다. 그러나 나는 아직도 의심 섞인 놀라움을 완전히 떨쳐 버리지 못했다. 아무런 보호 장치도 없고 가진 것도 없는 처지에서 어떻게 '진짜' 나라, 그것도 본질이 전혀 다른 나라(에스파냐)의 영토에 세계주의와 자유주의에 뿌리를 둔 나라를 세울 수 있단 말인가? 이 '진짜' 나라가 자기 영토 안에서 이루어지는 민주주의 실험을 관대하게 지지하는 것은 아니다. 하지만 그것만으로는 충분치 않다. 그다지도 강력하고 이념 문제에서는 한 치의 양보도 모르는 관료주의 국가가 어떻게 이런 자유로운 계획을 막지 않고 모르는 체하게 되었을까? 과연 어떻게?

헤수스 실바 멘데스가 사제라는 점이 국가의 간섭과 감독, 규제를 막는 강력한 보호막 구실을 했다. 에스파냐의 카톨릭 국교회는 사제의 활동이 교회의 위계질서를 적대시하지 않는다면 사제의 활동을 보장하는 보증서 구실을 한다. 카톨릭 교회는 교회의 아들인 실바의 어린이 공화국을 묵인하고 있다.

교회는, 박애 정신이 몹시 뛰어나고 철저히 기독교다운 이 사회 교육(실제로 소년들의 도시에서 이런 교육이 실현되고 있다는 데에는 눈곱만큼도 의심할 게 없다)을 지원하는 데 단 한 푼도 내놓지 않는다. 교회 조직은 그저 중립이라는 태도를 취하고 있으며, 간섭하지 않고, 어떠한 부담도 주지 않으려고 자제한다. 그리고 이렇게 자제하는 것이 어린이 공화국이 성장할 기회를 준다. 국가 당국이 나서지 않고 있는 것도 분명 교회의 태도 때문일 것이다.

힘의 균형이 안정되어 있지 않을 때, 균형을 잡고 그 상태를 유지하려면 대단한 기량이 필요하다. 무차초스 서커스를 본 사람이라면 어린 곡예사들이 힘의 균형이 필요한 묘기를 얼마나 능수능란하게 소화하는지 알 것이다.

아이들의 도시에서 종교의 완전한 관용과 자유를 실천하는 기술 또한 어린 곡예사들의 묘기 못지않게 눈길을 끈다. 에스파냐는 카톨릭 신앙이 국교이다. 때문에 에스파냐의 모든 학생들에게 종교 수업과 미사 참여는 필수이다. 그런데 이곳 아이들에게만은 이 의무 사항이 적용되지 않는다. 벤포스타에서는 어떤 아이도 종교 수업에 참여하거나 실바 신부와 함께 미사를 드리라고 강요받지 않는다. 강요는커녕 부드러운 말로 권유를 받는 일조차 없다. 얼마 전부터는 개신교 집안이나 불가지론자 집안에서 자란 아이들도 이 도시에 들어오기 시작했다. 어떤 종교를 가졌느냐는 어린이 나라에 기록되지 않으며, 종교는 피부색, 모국어, 출신 계층과 마찬가지로 공동체에서 공동생활을 하는 데 아무런 영향도 미치지 않는다. 어쨌든 어린이 공화국에는 스물네 나라에서 온 아이들이 모여 산다. 그리고 아프리카에서 온 아이들은 피부색이 땅콩처럼 누렇기도 하고 레코드판처럼 새까맣기도 하다. 국어는 당연히 에스파냐 말이고, 제 2의 공식 언어는 프랑스 말이다. 로마자 알파벳을 쓰지 않는 나라에서 온 아이들도 자기 뜻을 전달하고 남의 말을 알아듣는 데 단 며칠밖에 걸리지 않는다. 보통 학교에서 하듯이 외국어를 배우지 않더라도, 거의 모든 아이들이 지니고 있는 타고난 어학 재능은 부러울 만큼 좋은 결과를 가져온다. 독일에서도 소아시아나 마케도니아에서 온 해외 취업자 집을 보면 아이들이 어른들의 통역자 노릇을 하는 일이 흔하다.

아이들 모두가 부모의 경제력에 상관없이 균등한 기회를 보장받는다. 수업료라는 게 없으며, 벤포스타 주민은 누구나 생활비를 자기가 벌어야 하기 때문이다. 시간당 임금은 나이에 따라서만 차이가 날 뿐 모두 똑같다. 물론 똑같은 급료를 받는다 해도, 찢어지게 가난한 선술집 작부의 자식은 장관집 자식보다 훨씬 불리한 처지라고 할 수 있다. 이렇게 사회가 준 환경이나 지적 능력 따위로 어려움을 겪는 아이들의 열등감을 없애 주고자, 벤포스타에서는 이런 아이들이 다른 아이들과 걸음걸이를 맞출 수 있게 될 때까지 특별히 세심한 주의를 기울여 교육한다. 그렇다고 해서 무차초스나 교사들이 어떤 아이를 평가할 때 그 아이의 언어 능력이나 학업 능력을 무엇보다 우선으로 놓는 것은 결코 아니다. 똑똑하면 '무죄' 똑똑하지 못하면 '유죄'라는 식의 케케묵은 흑백 판결은 너무도 단순하고 옳지 못한 짓인데, 이곳 벤포스타에서는 기술과 음악과 미술 따위를 공부라는 개념에 넣은 것이 이러한 부당한 재판을 막아 준다. 이해 못 할 일은 아니지만, 어쩌다 부모들이 생각이 짧은 반응을 보이는 적도 있다. 어린이 공화국에서 이렇게 전인교육을 무엇보다 중요하게 여기고 뚜렷한 학업 성과를 거두면서 아이들에게 보람을 느끼게 하는 것을 잘 모를 때이다.

에스파냐에서는 4년이나 5년 동안 초등학교를 다니고 따로 여러 가지 수공 기술 수업을 받으면, 가난한 산골 마을이나 공업 지대 빈민가에서 자라는 또래들을 훨씬 앞지를 수 있을뿐더러 취업 기회에서나 고정 수입에서나 남들보다 확실한 전망을 갖게 된다. 그렇기 때문에 부모들이 아이의 뜻을 무시한 채, '쓸모 있는' 아들을 어린이 공화국에서 빼 가려 하는 일이 많다. 식구는 많고 먹고 살기 힘드니 집안 생계에 한몫하라는 것이다. 이런 갈등은 아이들이 고향집을 방문하는 여름 방학에 쌓이고 커진다. 그래서 방학이 끝나도 새로운 고향인 벤포스타로 돌아오지 못하는 아이들이 심심치 않게 생겨난다. 친구들 가운데 하나가 집에 붙잡혀 있는데, 그것이 그 아이가 평소에 이야기하던 소망과 어긋난다는 게 분명하면 격렬한 논쟁이 일기도 한다. 아이들은 친구의 부모에게 부모가 자식의 행복을 도중에 내팽개쳐서는 안 된다는 것을 믿게 하려고 애쓴다. 실바 신부도 많은 집들이 너무도 가난한 탓에 그런 생각이 짧은 행동을 할 수밖에 없다는 사실을 알고는 있다. 그러나 이렇게 스스로 자기 숨통을 죄는 융통성 없는 행동 때문에 한 세대에서 다음 세대로 대물림되는 빈곤의 악순환은 어느 곳에서든 한 번은 고리가 끊어져야 한다. 그리고 고통 없이는 이런 단절을 이루어 낼 수 없다.

무차초스는 교육 당국이라는 타성에 젖은 거인을 상대로도 놀랄 만한 일을 이루어 낸 적이 있다. 끈기 있고 부드럽게 거둔 이 승리는 활달한 무차초스에게 곧 가망 없는 캠페인을 시작할 수 있도록 자신감과 희망을 주었다. 어린이 나라에는 무차차스(여자아이들)도 있어야 한다!

에스파냐 학교에서 남녀 공학은 전혀 통하지 않는다. 그러나 여자들과 함께 하지 않고 어떻게 사회를 '변혁'한단 말인가? 벤포스타에 여자아이들도 받아들이겠다는 계획은 기절초풍할 만큼 황당하고 당돌한 발상이어서, 실현 가능성이 조금도 없을지 모른다. 그러나 이 목표는 좋은 것이며 올바른 것이다. 그리고 무차초스는 목표를 한 번 세우면 그렇게 쉽게 포기하지 않는다. 곤란한 문제는 바깥에 대항하는 것만이 아닐 게 분명하다. 혈기 왕성한 몇백 명의 사내아이들이 여자아이들과 공동생활을 하다 보면 복잡한 문제들이 생길 것이다. 벤포스타의 맹랑한 녀석들이 과연 이 만만치 않은 일을 해낼 수 있을지, 해낸다면 과연 어떤 방법으로 할지, 기대해 보아도 좋을 것 같다.

어쨌든 나는 무차초스가 성 문제에 대해 솔직하고 거리낌 없이 이야기하는 데 놀랐다. 물론 방문객들은 순수하게 남자만으로 이루어진 생활 공동체의 이런 면까지 꼼꼼하게 보지는 못할 것이다. 소년들의 도시에 남성 공동체에서 흔히 볼 수 있는 동성애는 없을까? 아이들이 거리감을 느끼지 않을 만한 사람들이 오랫동안 주의 깊게 지켜보지 않고서는 이 문제에 대해 속 시원한 답을 얻기란 힘들 것이다. 교사들 말에 따르면, 자기들도 사내아이들 사이에서 동성애가 나타나지 않을까 했으나 그런 조짐은 느끼지 못했

무차초스에게도 물론 여자 친구가 있다. 오랜세의 '예쁜 여자아이'들은 무차초스와 팔
짱 끼고 다니기를 좋아한다.

다고 한다. 나이나 성장 단계에 따라 정상이라고 볼 성행위(예컨대 자위행위 같은 것)는 자연히 어린이 공화국에서도 나타날 터인데, 이것은 그야말로 지극히 정상이다.

한 가지 덧붙이고 싶은 얘기는, 어떤 경우에도 무차초스를 고결한 금욕주의자나 세상을 등지고 살아가는 청바지 차림의 어린 수도사들로 생각해서는 안 된다는 것이다. 생기발랄한 이 사내아이들은 같은 또래의 보통 아이들처럼 여자 친구가 있고, 여자 친구가 있다는 사실을 숨기지도 않는다. 오렌세의 예쁜 여자아이들은 무차초와 팔짱 끼고 다니는 것을 좋아한다. 또 독일에만 해도 서커스단의 소년들에게 반해 가슴앓이를 하는 여자아이들이 한둘이 아니다. 그게 과연 이상한 일일까?

교육 박물관일까?

이 책은 여행기지 무슨 분석서가 아니다. 나는 서커스단 아이들의 이야기가 믿어지지 않았기 때문에 실제로 어린이 공화국이 어떤지를 알고 싶었다. 내가 보고 듣고 겪은 것들은 이 책의 글과 사진들 속에 다 들어가 있다. 하지만 꿈이 아닌 현실인 어린이 공화국이 보여 주는 것은 무엇일까?

어린이 공화국과 견줄 수 있는 교육 실험들은 벤포스타 전에도 분명 있었다.

플래니건 신부의 '소년들의 마을'에 대해서는 앞에서도 말한 적이 있다. 플래니건은 1886년 아일랜드에서 태어났다. 플래니건은 사제가 되려고 교육 과정을 밟은 뒤, 1913년 미국 네브래스카 주 오마하에서 주임 신부로 활동하기 시작했다. 1917년에는 그곳에 '플래니건 신부의 어린이집'을 세웠다. 아이들 수가 늘어나면서 도시에 있는 집이 비좁아지자, 플래니건 신부는 아이들을 데리고 시골로 터전을 옮겼다. 그리고는 오마하 서쪽에 있는 거친 땅을 일구었다. 얼마 지나지 않아 이곳에 집들이 하나둘 늘기 시작했다. 이렇게 해서 생긴 마을은 오늘날 지도에도 '소년들의 마을'이라 표시될 만큼 커졌다. 아이들은 자기들 가운데서 행정관을 뽑고 협의회를 만들어, 자기들 문제를 스스로 해결하고 있다. 플래니건 신부는 1948년에 베를린에서 세상을 떠났지만 그의 작품, '소년들의 마을'은 지금까지 살아 있다.

헤수스 실바 멘데스 신부는 플래니건 신부와 아이들을 그린 영화를 보고 '소년들의 도시'를 세우게 되었다. 실바가 이 놀라운 모범을 얼마나 따르고 싶어 했는지는 벤포스타 어린이 공화국을 처음에는 '소년들의 도시'라고 이름 붙인 것만 보아도 알 수 있다.

1950년대 말의 상황에서 실바는 꽤 큰 어린이 집단에서 아이들의 자치라는 원칙을 시도한 다른 예는 듣도 보도 못했을 것이다.

레인(Homer T. Lane)이 영국 남부에서 해 본 '작은 공화국'(Little Commonwealth)은 안타깝게도 세운 지 얼마 되지도 않아 1916년 어떤 음모 때문에 무너지고 말았다. 레인은 도싯(Dorset)에 세운 공동체에서 부랑아 남녀 아이들과 함께 살았다. 레인의 목표는 범죄를 저지르는 청소년들을 병영 같은 시설에 들여보내는 따위의 강제 조치를 하지 않고 사회로 돌려보내는 것이었다. 모든 아이들 마음속에는 착한 마음이 있다는 믿음과, 생명을 파괴하고 사람을 파괴하는 환경에서 이루어지는 난폭하고 사랑 없는 교육의 해로움을 아이들이 스스로의 힘으로 연대하여 이겨 낼 능력이 있다는 믿음. 이러한 믿음이 호머 레인을 '작은 공화국'으로 이끌었다. 이 대담한 교육 실험은 영국에서조차 알려지지 않았다. 레인은 독일 백과사전에도 나오지 않고 교육학자들 사이에도 알려져 있지 않았다. 그러니 저 멀리, 그것도 고립된 에스파냐에 있던 실바가 제1차 세계 대전 때 있었던 이 대담한 실험에 대해 알 수 없었을 것이 분명하다.

마찬가지로 실바 신부는 소련의 교육학자 마카렌코(Anton Semjonowitsch Makarenko)가 한 실험에 대해서도 들어 보지 못했다. 내전 뒤 팔랑헤 당(Falange, 에스파냐의 파시스트 정당. 당수는 프랑코)이 지배하던 에스파냐에서 마카렌코의 《생명의 길》 같은 책이 젊은 카톨릭 사제의 손에 들어간다는 것은 생각할 수 없는 일이었으며 그것은 지금도 마찬가지이다. 그 까닭은 간단하다. 마카렌코가 그야말로 무신론자에 볼셰비키이기 때문이다.

마카렌코는 1888년 우크라이나에서 태어나, 1920년 폴타바(Poltawa, 키예프에서 남동쪽으로 300킬로미터쯤 떨어진 곳)에서 '고리키 지구(Gorki-Colony)'를 인수했다. 고리키 지구는 죄를 지은 청소년들을 노동 집단에 편입시켜 사회주의 사회에 맞는 사람으로 교육하는 집단 거주지였다. 마카렌코는 1928년부터 '제르진스키 청소년 노동 코뮌'에서도 활동했다. 이러한 활동들은 10월 혁명 승리 뒤 피비린내가 가시지 않은 내전의 혼란 속에 있던 소련이 이제 막 건설된 국가의 모든 생활 영역에서 부푼 희망을 안고 시작한 사업(이러한 사업들은 어쩔 수 없이 대담한 실험이 될 수밖에 없었다) 가운데 하나였다. 말하자면 마카렌코는 교육 사회주의의 창시자인 셈이다. 마카렌코의 교육 활동과 교육 저서들은 '집단'과 집단의식을 찬미하는 '노동'이라는 두 가지 원칙에서 출발하고 있다. 마카렌코에게 교육이란 규율(그리고 그 규율을 엄격하게 지키는 것)을 갖추고 개인이 스스로 집단에 종속되도록 하는 생활 형태를 가르치는 일이다. 집단화로 새로운 인간, '미래의 공산주의자'가 만들어진다는 것이다. 빈틈없는 집단 교육과 노동 교육에 관한 사회주의적인 국가 교육학이라 할 만한 마카렌코의 이론은, 1939년 마카렌코가 죽고 난 뒤에도 소련을 비롯한 여러 사회주의 국가들의 학교 제도를 지탱하는 가장 중요한 토대 가운데 하나로 남아 있다.

그럼 서머힐(Summerhill)은 어땠을까? 닐(Alexander Sutherland Neill)은 레인과 친하거나 잘 알지는 못했지만, 어린이들이 자기 치유력을 갖고 있다고 굳게 믿었던 레인의 생각이 옳다고 믿었다. 아이들을 믿고 아이들이 자유로운 분위기 속에서 스스로를 다스릴 수 있게 해 준다면, 아이들은 자기 치유의 힘을 갖게 된다고 확신했던 것이다. 서머힐 학교는 문을 연 지 벌써 50년이 넘는다. 그러나 5년 전까지만 해도 영국에서조차 닐과 서머힐이라는 이름을 아는 사람이 거의 없었다. 그리고 에스파냐에서는 지금까지도 닐이나 서머힐에 관한 책이 단 한 권도 출판되지 않았다. 실바는 1972년 무차초스 서커스단의 독일 순회공연 때 벤포스타가 서머힐과 비슷한 것이냐는 질문을 자주 받았다. 그래서 실바는 닐의 유명한 책《비권위주의 교육의 이론과 실천》의 프랑스어판을 구해 읽었다. 실바는 지금도 닐의 위대한 업적에 공감하며 그것을 높이 평가하고 있다. 어쨌든 닐이 실바로 하여금 '소년들의 도시'를 세우게 한 배후 인물은 결코 아니었다.

실바에게 '소년들의 도시'를 세우도록 한 모델은 플래니건 신부와 그이가 만든 '소년들의 마을'뿐이다. 자치라는 바탕 위에 세워진 어린이 공동체의 다른 어떤 선례도 에스파냐의 지방 도시에서 살던 젊은 신부에게 아무런 영향을 끼칠 수 없었다. 1956년 이곳의 형편을 보면 경제는 가난하고 정치는 획일로 치닫고, 해외에서 들어오는 모든 정보는 엄격한 검열을 받는 따위가 지금보다 한층 심해, 뜻을 같이 하는 외국 사람과 교류한다는 것은 있을 수 없었기 때문이다.

카톨릭 교회의 정보 통로 또한 서머힐이나 마카렌코의 고리키 지구같이 명백하게 반교회적인 교육 모델들을 에스파냐로 들여올 리 없었다.

벤포스타 이념의 뿌리와 그 이념이 실현되어 온 과정을 돌아보고 역사 속의 다른 예나 동시대의 다른 예와 견주어 보는 것, 이것은 실바 신부의 일이 아니다. 실바는 그동안 이 모든 일이 왜, 그리고 어떻게 이루어졌는지에 대해 이야기할 때면 금세 참을성을 잃고 만다. 그래서 '옛날 일들'은 다 떨쳐 버리고 싶다는 듯 손을 내두른다. 뭔가 불쾌한 기억을 떠올리고 싶지 않아서가 아니라, 과거에 지나치게 관심을 두는 것은 쓸데없는 일이라고 생각하기 때문이다. 새로운 것, 미래, 목표. 실바가 끊임없이 관심을 갖는 문제는 바로 이런 것들이다. 이런 문제에 대한 얘기가 나오면 실바 신부의 열변을 막을 길이 없다.

이런 논리에서 보자면 어린이 공화국에 기록 보관소가 없고, 연표나 일지도 작성하지 않으며, 이름과 날짜, 숫자, 사건 들을 통계 내서 파악하는 일에 조금도 가치를 두지 않는다고 해서 이상할 게 전혀 없다. 어린이 나라를 보도하려는 사람들로서는 적잖이 실망스럽겠지만 말이다. 아이들은 자기들의 공화국을 앞으로 다가올 시대를 준비하는 발판으로 볼 뿐 교육학 박물관으로 보지 않는다.

지평선 위로 막 떠오르는 보름달은 우리 눈에 쟁반만큼 크게 보인다. 그러다가 달이 하늘 한가운데로 자리를 옮기면, 우리는 똑같은 달을 쟁반보다 훨씬 작다고 생각한다. 우리가 달의 크기를 착각하는 것이다. 환한 보름달은 높이 떠 있든 낮게 떠 있든, 언제나 우리의 엄지손톱 크기밖에 되지 않는다. 막 떠오르는 달이 손톱보다 훨씬 커 보이는 것은, 우리에게 익숙한 사물들인 나무, 산, 집 따위와 함께 있기 때문이다. 다시 말하면, 무엇이든 우리가 잘 알고 있는 것과 견주어 볼 때 그 크기를 쉽게 파악할 수 있다. 가장 확실하게 크기를 재는 방법은 비교가 될 만한 것을 갖다 대 보는 것이라는 말이다. 눈에 보이는 물체의 크기를 잴 때만이 아니라 정신의 크기를 잴 때에도 마찬가지다.

소년들의 마을과 고리키 지구, 작은 공화국, 서머힐 학교. 간단히 말한 이 네 가지 어린이 공동체와 벤포스타의 차이 가운데 알맹이라 할 점은 벤포스타의 시민들은 거의 다 평범한 아이들이라는 점이다.

플래니건의 소년들은 부랑아 청소년들이었다. 레인의 생도들은 어린 도둑, 사기꾼, 강도, 교육하기 어려운 아이, 몸을 파는 여자아이 들이었다. 마카렌코의 피보호자들은 가출한 아이, 불량 청소년, 게으름뱅이, 건달, 소년 범죄자 들이었다. 닐은 적어도 서머힐 붐이 일기 전 몇십 년 동안은 학습과 행동에 장애를 지닌 문제아들(주로 성적을 중요하게 여기는 중산층 가정에서 이런 아이들이 나온다)을 우선 고려했다. 그런데 서머힐에 대한 찬반 논쟁에서 이런 사실은 거의 다루어지지 않고 있다. 닐은 아이들이 잘못 배워서 익힌 것들을 바로잡도록 돕고자 했다. 닐의 교육학이 지향하는 것은 순화 교육이었다.

실바의 무차초스도 처음에는 많은 수가 플래니건 신부의 소년들처럼 사회에서 불이익을 당하는 아이들이었다. 그러나 이런 사정은 그리 오래가지 않았다. 오늘날의 어린이 공화국을 특별한 종류의 고아원이나, 민주주의로 운영되는 청소년 구제 시설로 보는 것은 잘못이다. 벤포스타는 와이엠시에이(YMCA) 같은 청소년 기독교 단체가 아니다. 실바의 교육 이념 또한 레인이나 닐이 나름대로의 방식으로 실천했던 것과 같은, 정신 분석에 뿌리를 둔 양호 교육(환경에 적응하지 못하거나 신경증이 있는 아이들을 충분히 자유롭게 하고 서로 믿음으로써 치료하는 것)의 에스파냐판이 아니다. 이곳 벤포스타에서 중요하게 여기는 것은, 한 아이의 망가진 과거를 치료하는 일이 아니라 모든 인간의 미래를 만들어

가는 일이다.

실바의 어린이 공화국은 마카렌코의 고리키 지구와도 견줄 수 없다. 막말로 하자면 마카렌코는 방탕한 아이들을 사회에 재적응시키고자 했다. 그런데 과연 어떤 사회에 적응시키려고 했던가? 그것은 물론 아직 실현되지는 않았지만 1917년 10월 혁명으로 윤곽이 드러나기 시작한 사회주의 사회였다.

폴타바와 벤포스타 사이의 엄청난 차이가 바로 이것이다. 마카렌코는 고리키 지구에 사는 아이들을 사회주의 소비에트 공화국이라는 이상 사회에 적응시키고자 했다. 하지만 실바는 자기의 아이들을 프랑코 장군 치하의 '에스파냐 군주국(Estado Español)'에 순응하는 시민으로 길러 내려 하지 않는다. 벤포스타 아이들이 적응을 하게 된다면 에스파냐는 물론 그 어디에도 아직 있어 본 적이 없는 사회에 적응해야 할 것이다. 무차초스의 새로운 정신은, 심각한 장애에 시달리는 신진 대사를 순조롭게 하는 호르몬이며, 이 호르몬이 유기체 전체를 건강하게 만들 것이다.

실바와 무차초스가 자기들의 과업을 '혁명'이라고 일컫는 것에도 이러한 목표 의식이 깃들어 있다. 그렇기 때문에 무차초스를 겪어 본 사람이면 누구나 이들 명랑한 전도자의 의욕과 활기를 믿게 된다. 이 아이들은 세상을 평화롭게 변혁하고자 하며, 자기들이 진리의 한 귀퉁이를 잡을 수 있는 곳에서, 곧 자기들의 공동체 삶 속에서 그 변혁을 시작하고자 한다. 그 아이들이 해내는 뛰어나고 감동스러운 서커스를 즐거운 '천막 전도'로 이해했다면 정확히 핵심을 짚었다고 할 수 있다.

그렇다. 실바 신부는 세상을 변혁하는 사람이다! 사람들은 이런 말을 입에 올리기도 전에 웃음부터 터뜨릴 것이다. 세상을 변혁한다니, 얼마나 가슴 뭉클하면서도 희극 같은가! 하지만 아무리 냉정한 회의론자나 빈정거리는 데 이골이 난 조롱가라 해도, 이 세상이 선한 것과는 거리가 멀며 사회가 하루빨리 개선되어야 한다는 사실은 알 것이다. 날카로운 비평가들은 지금 사회의 부패 상태, 알게 모르게 폭력이 난무하는 상태를 주저 없이 꾸짖는다. 말들은 다 달라도, 그 속에 담긴 신념은 하나다. 이 세상은 악하며, 따라서 모든 것이 달라져야 한다는 것! 그렇다면 누군가가 나서서 광범위한 변화를 목표로 실제 일에 뛰어들어야 한다. 그런 일을 시도하는 사람이 곧 혁명가 아닐까! 혁명가들은 세상 사람들로부터 귀찮은 존재, 순진하고 우스꽝스럽고 정신 나간 사람이라고 비웃음 당하거나 아예 외면당한다. 역사에 남은 위대한 교육자들, 사상과 행동으로 박애를 실천한 사람들은 세상을 바꾸려고 현실에서 단호하게 시도하지만 그 시도가 늘 불완전한 탓에 세상 사람 눈에는 '감동스러운 바보'의 모습으로 비친다. 하지만 이런 몽상가와 공상가 들이 없었다면 지금 우리가 사는 세상이 과연 어떠할까?

헤수스 실바 멘데스는 지식인도 학자도 아니다. 그저 사제일 뿐이다. 분명히 그렇다. 자기가 해 온 일을 역사 속에서 분류하거나 비판하며 분석하는 일, 또는 교육 이론을 매끄럽게 다듬는 일. 이런 종류의 일들은 어린이 나라가 새로운 건축 계획을 위해 돈을 얼마나 끌어들일 수 있느냐는 질문보다도 실바의 관심을 끌지 못한다.

한번은 내가 실바 신부에게 벤포스타에서 새로운 정신이 실현된 것을 보았느냐고 묻자, 검정 가죽점퍼를 걸친 이 팔팔한 사내는 입에서 담배를 떼더니 엄지와 검지로 아주 작은 것이라는 표시를 해 보이면서 농담 반 진담 반으로 말했다.

"조금, 아주 조금요."

덧붙이는 말 · 첫 번째

벤포스타 25년의 한계와 가능성(1981년)

덧붙이는 말 · 두 번째

마흔네 살이 된 벤포스타(2000년)

벤포스타 25년의 한계와 가능성 (1981년)

우리가 마지막으로 벤포스타를 떠날 때 스피커에서 노래가 흘러나왔다. 그 노래를 잊을 수가 없다. 지금도 어린이 나라를 생각하면 그 노래가 마음속에 되살아나곤 한다. '케세라, 케세라, 케세라.' 될 대로 되라지? 과연 어떻게 될까? 이 특이한 조직, 나라 속의 작은 나라의 미래는 과연 어떨까?

보잘것없는 이 여행기는 그동안 여러 길을 두루 거쳐, 스위스에서도 출간되고 프랑스와 미국에서도 출간되었다. 그리고 참으로 세계 곳곳에서 많은 의견과 문의, 어린이 나라와 연락할 수 있도록 주선해 달라는 요청이 들어왔다. 그러나 내가 그 사람들에게 해 줄 수 있는 일이란, 스스로 가서 보고 그곳만이 가진 특별한 이념의 비밀을 캐 보라는 말을 되풀이하는 것뿐이었다. 아마도 어린이 나라가 당신들의 삶에 좋은 자극을 줄 것이라고. 어른들에게는 자기들이 좀처럼 믿지 않는 아이들 그리고 청소년들과 어울릴 수 있는 기회를 줄 것이며, 아이들에게는 더 많은 용기와 꿈을 가지고 이 세상의 문제들에 접근할 수 있는 기회를 줄 것이라고. 많은 사람들이 어린이 나라에 다녀오고 나서 자기들이 받은 인상을 전해 오기도 하고, 의문이 많이 풀렸으며 설마 하던 의심까지 사라졌다는 소식을 보내오기도 한다.

나는 교육학자가 아니라 예술 활동을 하는 사람일 뿐이지만, 점점 복잡해져 가는 세상의 문제들이 좀 더 효과 있게 해결되어야 한다는 것은 알고 있다. 세상의 복잡한 문제들을 효과 있게 해결하려면 풍부한 상상력으로 새로운 것을 창조해 내는 아이들이 필요하다. 그런 아이들이 기성세대의 완고한 체제를 허물어야 한다. 그렇다고 어린이 공화국이라는 모델을 통째로 쾰른이나 베를린에 옮겨 놓는다는 것은 생각할 수 없다. 독일의 현실이 벤포스타의 출발 조건과 완전히 다르기 때문이다. 여러 가지 법률과 규정들뿐 아니라 청소년 보호를 위한 법률들조차도 어린이 공화국과 같은 시험 모델의 현실화를 가로막고 있다.

그러나 이런 현실이 중요한 것은 아니다. 중요한 것은 벤포스타에서 실천하고 있는 것처럼 어린이들의 권리를 조건 없이 옹호하는 것이다. 우리가 갈리시아에서 받아야 하는 자극이 바로 이것이다.

청소년을 진지하게 대화 상대로 받아들일 마음의 준비가 안 되어 있다면, 그것에 대한 대가도 날이 갈수록 크게 치러야 한다. 벤포스타! 이 소리 없는 혁명이 '세계'를 바꾸려고 하는데, 독일에서 문제 삼고 있는 것은 고작 '집들'이다. 바꾸고자 하는 것이 세계이건 집이건, 그 바탕에는 쓸모없는 공간을 뜻있게 만들어야 한다는 판단이 깔려 있다. 어른들은 그 옆에 놀란 얼굴을 하고 서서 자기들이 뭘 잘못했는지 스스로 묻는다. 여기에 그치지 않고 어른들은 자기들의 힘을 과시해 보기도 하지만 속으로는 이번에도 아이들의 행동에 잘못 반응했다는 사실, 그것도 너무 늦게 반응했다는 사실을 인정할 수밖에 없다. 그러다 보면 어느새 누군가가 나타나, 아이들의 정당한 참여를 잘못된 목적에 이용한다. 이렇게 해서 공간을 개조하는 일은 우리의 '교육' 문제와는 아무런 상관없어 보이는 건물 소유자의 문제가 되고 만다. 그러나 건물 소유자들 또한 우리의 교육 문제와 관련이 있다. 세상에 반드시 일어날 변화는 지극히 평범한 일, 나날이 겪는 일에서부터 시작된다는 점을 벤포스타는 알고 있다. 바로 여기에 벤포스타라는 전례 없는 교육 모델의 가능성과 한계가 같이 놓여 있다.

1981년 에스파냐의 경제 사정은 벤포스타 처지에서 볼 때는 전보다 나아진 것이 없다. 그러나 에스파냐의 정치 변화는 벤포스타를 소리 없이 비켜 가지 않았다.

프랑코는 죽었다. 다행히 프랑코의 죽음과 함께 에스파냐의 정치 상황도 바뀌고 있다. 이베리아 반도가 민주주의를 향해 내딛는 수줍은 발걸음에 벤포스타도 감격 어린 눈길을 보내고 있다. 무차초스 서커스단이 독일 순회공연을 할 때 벤포스타에 있던 실바 신부가 라 코루냐(La Coruña, 갈리시아 지방의 주 가운데 하나)에서 학살당한 노동자들의 자녀를 받아들이느라고 무차초스가 귀향을 늦추어야 했던 일이 있었는데, 이제 이런 시절은 지나갔다.

벤포스타는 새로 얻은 이 자유를 어떻게 할까? 반응은 좀 뜻밖이었다. 1976년! 1976년은 둑이 무너진 해이다(프랑코가 1975년 11월 20일에 죽었다). 이 해는 에스파냐의 청소년들에게 전에 알지 못했던 완전히 새로운 자유를 가져다주었다. 갈리시아의 산속, 조용한 지방 도시 오렌세에서조차 이러한 변화를 느낄 수 있다. 그때까지 에스파냐의 엄격한 교육 규정에 묶여 있던 모든 것들이 이제 고삐에서 풀려나고 있다. 당혹스럽게도 벤포스타 국경 밖, 오렌세에 무차초스가 얻고자 애썼던 자유의 정도를 훨씬 넘어서는 자유가 흘러넘치고 있다. 바깥세상에서는 순식간에 잘못 이해된 자유 개념들로, 마약이나 알코올에 손을 대는 것까지도 아무렇지 않게 여기고 있다. 예전에는 피난처였던 곳이 이제 오아시스가 되었다. 여기에서 여태껏 알지 못하던 갈등이 생겨난다. 어린이 나라의 국경에 설치된 통행 차단기가 전에는 독립의 상징이었는데, 별안간 더 개방적이고 자유로운 세계와의 경계가 되어 버린 것이다.

에스파냐의 정치 변화가 아무리 벤포스타의 목표와 맞아 떨어진다 해도, 무차초스의 눈으로 보면 지금의 변화는 올바른 방향으로 겨우 '한 걸음' 내디딘 것에 지나지 않는다. 무차초스가 목표로 하는 것은 전 세계의 변화이기 때문이다.

그리하여 무차초스 서커스단은 독일 순회공연 뒤 곧 새로운 세계로 먼 여행길에 올랐다. 베를린 출신의 앤디 윌리엄스도 거의 6년째 무차초스 서커스단과 동행하면서 세상을 보고 있다.

무차초스 서커스단은 먼저 미국으로 갔다. 그리고 우레와 같은 박수를 받으며 뉴욕을 정복했다. 매디슨 스퀘어 가든은 멋진 무대를 제공했다. 무차초스는 세인트 폴 대성당 제단 앞에서 평화의 복음을 전했고, 유엔 사무총장 쿠르트 발트하임(Kurt Waldheim)은 무차초스에게 황금 열쇠를 전달했다. 무차초스는 미국을 가로질러 샌프란시스코로 해서 멕시코로 갔다. 미국 여행에서 벤포스타의 모델이 되었던 '소년들의 마을'도 들렀다.

무차초스는 남아메리카로 내려가, 먼저 베네수엘라를, 다음에는 콜롬비아를 방문했다. 콜롬비아의 수도 보고타에서 친구들을 다시 만났다. 이곳에서 왕년의 서커스 말 조련사이자 사진사인 마놀로 마르티네스와 나이트 클럽에서 일하다가 벤포스타에 와 신학까지 공부한 페케뇨가 실바 실부의 선례를 따라 '어린이 나라'를 건설한 것이다. 브라질에서는 큰 태풍이 무차초스를 덮치는 바람에 대형 서커스 천막이 찢어지는 사태가 벌어졌는데, 이번에도 긴급 상황에 발 빠르게 대처하는 무차초스 특유의 융통성이 중요한 구실을 했다.

무차초스 서커스단은 잠시 벤포스타에 머문 뒤 세계 곳곳으로 갔다! 오스트레일리아, 인도네시아, 말레이시아, 싱가포르. 여기에서 다시 사건이 일어났다. 서커스단의 매니저가 돈을 가지고 도망쳐 버린 것이다. 뒤이은 일본 순회공연은 무차초스 서커스단의 역사에서 가장 큰 성공을 거둔 공연 가운데 하나다. 서커스단의 평화 여행은 히로시마에서 나가사키, 도쿄로 이어졌다. 돌아오는 길에는 모스크바에 들러, 그 유명한 모스크바 국립 서커스단의 훌륭한 동료들과 사귈 기회를 가졌다.

지난 몇 해 동안 무차초스는 다른 어느 때보다도 많은 지역을 여행하면서 지구 곳곳에 평화와 사랑, 비폭력의 메시지를 전할 수 있었다. 분열로 치닫고 있는 이 세계에서 실바와 무차초스의 여행은 실로 돈키호테의 모험과 다를 게 없다. 타이완과 홍콩, 브뤼셀과 시드니, 로스앤젤레스와 모스크바. 이런 도시들이 주는 서로 반대되는 인상을 열두 살짜리 사내아이가 소화해 내는 것이 쉽지는 않을 것이다. 아이들은 대립의 세계, 가난과 풍요가 엄격하게 양분되어 있는 세계에서 벤포스타로 돌아온다. 그런데 이런 대립의 세계 양쪽이 똑같이 그 아이들을 칭송한다. 무차초스가 피부색도 다르고 종교도 다르고 정치 견해도 다 다른 사람들을 열광시키고 감동시키고 뒤흔들어 놓는 데 성공한 것이다. 그러다 보니 아이들에게는 총회에서 성공의 경험을 함께 나누고 객관적으로 평가할 시간이 많지 않았다. 되돌아보면 평화상도 받았고, 언론의 찬사나 환영식 따위 좋았던 기억이 참 많다. 하지만 불행한 사건도 있었다. 남아메리카에서 태풍이 서커스 천막을 쓰러뜨린 일이 그러하다. 이 태풍 사건은 보통 아이들로서는 겪어 볼 수 없는 큰 모험이었다.

무차초스 서커스단은 거의 한 해에 한 차례씩 고향 벤포스타로 돌아온다. 온 세계를 여행하고 다니는 아이들에게 벤포스타가 갑자기 작게만 느껴지는 것은 어쩌면 당연한 일일 것이다. 서커스단은 총회에서 벤포스타에 남아 있던 주민들에게 자기들의 여행을 보고하며, 히로시마 원폭 기념 공원에서 기도했던 내용을 주민 모두와 함께 다시 한번 되새긴다. 실바 또한 여행할 때는 전화로라도 벤포스타 주민들과 줄곧 연락을 주고받지만, 벤포스타 주민과 함께 있노라면 세계 곳곳에 사랑과 평화를 전하는 무차초스 서커스단의 사명이 바로 이곳 주민들로부터, 그리고 자기들의 삶과 자기들의 수도 벤포스타로부터 시작된다는 느낌이 한결 강해진다. 어린이 나라의 자랑인 갈리시아의 이 언덕이 모든 노력을 이끌어 내는 정신의 기둥이자 힘의 원천인 것이다.

그런데도 서커스단의 귀향은 번번이 모든 시민에게 아주 부담스러운 시련이 되고 있다. 별안간 벤포스타가 좁아지는 탓이다. 그래서 서커스단이 벤포스타에 머무는 동안은 아직 완공되지 않은 호텔이 임시

숙소로 쓰인다. 화려하던 쇼의 세계가 하루아침에 비좁은 고향 생활로 바뀌는 것이다. 벤포스타 아이들이 실바 신부에게 기대고 싶은 마음이 간절해지는 순간도 이때다. 이제 실바는 지렛대가 되고 촉매가 된다. 활동하기를 좋아하는 신부에게는 참으로 낯선 역할이다. 실바는 빵을 굽고 집을 짓고 공동의 이념을 위해 공부하는 일이 마닐라나 뒤셀도르프의 체육관에서 그네식 철봉을 타고 이단 공중제비를 하는 것과 똑같이 중요하다는 생각을 모든 아이들에게 전달해야 한다.

이럴 때 여자아이들이 특별한 역할을 한다. 에스파냐에서 남녀 공학이란 참으로 오랜 세월 동안 낯선 낱말이었다. 소년들의 도시는 프랑코가 죽기 전부터 공화국에 여자아이들을 받아들이기 시작했다. 지금은 남자아이들과 여자아이들이 함께 생활하고 함께 공부하는 것이 당연한 것이 되어 있다. 물론 헌법에 보장되어 있는 것같이 완전한 평등이 이루어졌다고는 말할 수 없다. 하지만 그것은 이곳 아이들이 여자아이들을 억누르려는 뜻에서 비롯되었다기보다는 사내애들 특유의 자만심이 빚어 낸 결과이다. 이런 가운데에도 서커스단에 들어가는 데 성공한 여자아이들이 있다. 뿐만 아니라 여자아이들은 국가 행정에서도 차츰 자기들 나름의 자리를 차지해 가고 있다.

하지만 서커스 곡예사들이 벤포스타로 돌아오는 바람에, 남아 있던 벤포스타 남자 주민들이 여자아이들의 관심을 끌지 못하게 되면 묘한 긴장감이 맴돈다. 그렇다 해도 여자아이들의 동참은 조금은 수도원 같던 사내아이들만의 공동체에 신선한 바람과 새로운 자극을 가져다주었다. 그 사이에 벌써 벤포스타에서 만나 혼인한 부부까지 탄생했다고 한다.

1981년 9월 15일이면 '어린이 공화국'은 창건 25주년을 맞게 된다. 실바 신부는 언젠가 나에게 이런 말을 한 적이 있다. "벤포스타가 완성되는 날이 올까 두렵습니다." 25년이 지났건만 다행히 벤포스타가 완성될 기미는 보이지 않는다. 이 사랑스럽고 특이한 국가 조직은 아직도 본질적인 특징이라 할 수 있는 '임시성'을 잃지 않고 있다. 그렇다고 변화가 하나도 없었던 것은 아니다. 커뮤니케이션 시스템이 더욱 완벽해졌는데, 이는 일본 순회공연의 성과이다. 무차초스는 일본 여행 덕에 방송용 전자 기기를 최고 수준으로 높일 수 있었다. '벤포스타 텔레비전 스튜디오'는 최신 영상 기술로 운영되고 있으며, 중요한 사건들은 모둠을 짜서 기록하고 있다. 이렇게 해서 어린이 공화국 역사에서 처음으로 다큐멘터리를 제작할 수 있게 되었다. 무차초스는 자기들이 제작하는 다큐멘터리를 여러 가지로 잘 쓰고 싶어 한다. 그렇지만 아직까지 갈리시아 산속에서 흘러나오는 정보는 크지 않으며, 어린이 나라 또한 신문 기사나 서커스 프로그램에 소개되는 것 이상으로 자기들의 존재를 바깥 세계에 알리는 데에는 관심을 보이지 않는다. 그 아이들에게는 당장 닥친 과제들을 해결하는 것이 자기들이 놓인 처지를 이론으로 밝히고 정리하는 일보다 훨씬 중요하다. 예나 지금이나 경제 면에서는 어려움이 많다.

주유소는 서커스단과 함께 어린이 공화국의 가장 중요한 수입원이었다. 하지만 시대가 달라지는 것을 막을 수는 없다. 지금은 마드리드와 오렌세, 비고를 연결하는 현대식 고속도로가 건설되어, 벤포스타가 자리 잡고 있는 낡은 525번 국도는 별 볼일 없는 뒷골목으로 전락하고 말았다. 말 그대로 무시당하는 신세가 된 것이다. 당연히 주유소 수입은 눈에 띄게 줄었다. 요즘 주유소를 찾는 사람들은 대부분 관광객들인데, 다행히도 벤포스타를 방문하는 사람들의 수가 날로 늘고 있다. 전보다 영업이 훨씬 잘되는 곳은 자동차 정비소이다. 고철 덩어리에 지나지 않는 고물 자동차도 멀쩡하게 굴러가도록 되살려 내는 수리 기술(무차초스 사이에서 전통으로 이어져 내려오는 기술)로 그야말로 기적을 이루어 내고 있기 때문이다. 빵 공장도 판매량이 꾸준히 늘고 있다. 이곳에서 생산되는 빵은 벤포스타 둘레에서 질이 좋기로 유명하다. 오렌세의 무차초스 본가에는 벤포스타에서 만든 가죽 제품과 금속 세공품, 목각 공예품을 파는 공예품 가게가 들어섰다. 이런 상품들은 전과 다름없이 지금도 수출되고 있다.

에스파냐 정부가 주는 보조금은 조금도 늘지 않았다. 그래서 공화국 운영비의 수지를 맞추는 일은 여전히 줄타기 곡예와 비슷하다. 게다가 에스파냐의 좋지 못한 경제 사정은 엄청난 물가 상승률로 이어져 어린이 공화국의 활동에 불리하게 작용하고 있다.

그 밖에도 우리는 실바 신부와 형 호세 마누엘이 이룬 사회사업 업적을 눈여겨보아야 한다. 25년 동안 어린이 공화국을 거쳐 간 주민의 수는 2만 5천이 넘는다. 주민들의 출신 국가도 서른 개 나라가 넘는데, 아이들은 '어린이 나라'의 이념을 자기들의 고국으로 가지고 돌아갔다.

벤포스타 현상이 학문에서 차지하는 의미는 여전히 밝혀지지 않고 있다. 어쩌면 이대로가 좋은지도 모른다. 오늘날의 눈으로 보면, 그리고 더 높은 잣대를 들이댄다면 비판할 만한 요소들이 많을 것이다. 예를 들면 사람들은 10년, 20년 전에 공동체를 떠난 아이들의 운명에 대해 더 많은 것을 알고 싶을 것이다. 그러나 현대식 시설을 갖춘 신축 시청사에서도 그런 기록은 갖고 있지 않다. 나는 벤포스타 주민들과 대화를 나누다가 이 뜻깊은 시도를 세계에 널리 알리기 위해 오렌세에서 한 번쯤 교육학 심포지엄을 열자고 제안해 보기도 했지만, 이 제안 또한 열매를 맺지 못했다.

그렇지만 나는 변화하는 에스파냐의 상황 속에서도 여전히 이 공동체에 특별히 중요한 과제가 있다고 생각한다. 벤포스타를 둘러싸고 있는 바깥세상과는 달리 벤포스타에서는 25년 동안 어린이와 청소년들이 더없이 신선하게 민주주의를 연습하고 실천해 왔다. 이곳의 자유 개념은 필연성에 대한 통찰에서 나온 것으로, 우리와 같은 위도에 있는 나라들에서는 이러한 자유 개념이 점점 모습을 감추어 가고 있다. 실바 신부와 무차초스의 이념이 중요한 까닭이 바로 여기에 있다. 이들의 이념은 일상생활에서, 정치에서, 그리고 특히 어린이들이나 청소년들과 관계를 맺는 우리들의 행동에 자극을 줄 수 있고 마땅히 주어야 한다.

1981년 여름
에버하르트 뫼비우스

마흔네 살이 된 벤포스타(2000년)*

모든 것이 꿈처럼 시작되었다.

그러나 누구도 그 꿈을 함께 나누려 하지 않았다.

어른들은 꿈을 꾸지도 않고 꿈을 꿀 줄도 모르는 것 같다.

그리하여 꿈을 꾸는 사람이 젊은이들을 불러 그이들에게

집과 마음을 열었다.

　　—실바의 〈꿈처럼〉 가운데서

　1956년 실바 신부와 열다섯 명의 아이들이 만든 벤포스타는 2000년 9월로 마흔네 돌을 맞았다.

　인종과 계층과 신념을 묻지 않고 모든 아이들이 평등하고 자유롭게 함께 살아가는 이곳 벤포스타는 배움과 삶이 하나인 진정한 교육 공동

---

*덧붙이는 말 두 번째 글은 벤포스타에서 보내 준 편지와 홈페이지, 일본에서 나온 자료 들을 참고해 편집부에서 정리했다.

체이다. 벤포스타의 핵심을 이루는 정신은 내부의 조화와 모든 사람에 대한 존경의 원칙에 뿌리박고 있다.

벤포스타는 콜롬비아를 비롯, 베네수엘라, 볼리비아에도 건설되어 있으며, 에스파냐 안에도 여러 곳에 지부가 있다. 벤포스타는 언제나 다른 도시 옆에 있으면서 동시에 그 도시 안에 있다. 앞으로도 계속 그러할 것이다. 이 벤포스타 도시들은 20세기 중반 에스파냐 오렌세에서 시작된 이념이 널리 퍼진 좋은 예이며, 사람이 만들어 낸 헛되고 변덕스러운 그 어떤 국경선 앞에서도 멈춘 적이 없다.

누가 이 도시의 주민인가?

인종, 사회 계층, 종교, 정치사상에 관계없이 세 살 넘은 어린이라면 누구라도 이 나라의 주민이 될 수 있다. 오로지 하나 중요한 것은 자유롭게 자기 생각과 뜻으로 들어오는 사람이어야 한다는 점이다.

지금 벤포스타의 주민은 150명쯤 되는데, 거의 젊은이들과 어린이들이다. 아이들이 이곳에 오는 까닭은 네 가지로 나눌 수 있다.

첫째, 사회 문제 때문에 오는 아이들이다. 어릴 때 사회의 불행이나 재난을 겪은 아이들, 가난을 벗어나지 못해 노동하느라 지치고 굶주린 아이들이다. 둘째, 집안 문제로 벤포스타를 피난처로 삼은 젊은이와 어린이들이다. 이 아이들도 도저히 먹고 살 수가 없어서 이곳에 온다. 셋째, 좀 특별한 경우로, 서커스 공연을 보다 서커스를 함께 하고 싶어 이곳에 온 아이들이다. 마지막은, 벤포스타가 그저 좋아서 스스로 온다. 이곳에서 이루어지는 공동체 삶과 교육 방식이 좋아서 오는 것이다.

어른들은 거의가 어린 시절의 약속에 이끌려 오거나 이곳의 교육관에 매료돼서 온다. 어른들은 오렌세에 오래 머물지 않는다. 오렌세 아닌 다른 도시나 외국 대사관에서 일손을 기다리고 있기 때문이다.

벤포스타의 인구는?

어린이 공화국 벤포스타의 인구는 얼마나 되는가? 뫼비우스는 2천 명이라고 했는데, 지금은 그만큼이 아니다. 뫼비우스보다 뒤에 벤포스타를 방문했던 사람들은 거의 이 나라의 인구를 3백이나 4백 명 안팎으로 보고 있어 뫼비우스가 주민 총회에서 본 대로 3백 명이 실제 인구수에 가깝지 않을까 짐작한다. 숙박 시설로 봐도 2천 명은 믿기 어렵다고 한다. 안타깝게도 벤포스타가 이것에 대한 자료를 전혀 갖고 있지 않기 때문에 확인하기 어렵다.

지금 벤포스타(오렌세에 있는 수도)는 자기들의 평균 인구를 150명으로, 이 도시를 오가는 사람들까지 계산에 넣는다면 철에 따라 세 배가 될 때도 있다고 한다. 벤포스타에서 살지는 않으나 이곳 학교에 다니는 아이들과 교사들(일반 학교 말고도 '영상과 음향 전문 학교'가 있다), 그리고 이곳의 삶과 교육을 보려고 오는 사람들이나 벤포스타 텔레비전 방송국(아이들이 제작, 편성, 송출하는 지역 텔레비전 채널을 운영하고 있다)을 방문하는 사람들이 꽤 있기 때문이다.

여자아이들도 잘 지낼까? 처음에 시작할 때 남자들로 시작한 것은 에스파냐에서는 남녀 공학이 불가능했기 때문이다. 1981년에 뫼비우스가 벤포스타에 다시 갔을 때는 남녀 아이들이 함께 어울려 생활하고 있었다. 1972년에는 없었고, 프랑코가 죽기 전에 남녀 공학을 실현했다고 하니, 여자아이를 받아들인 것은 1973년에서 1975년 사이일 것이다. 지금 벤포스타에서는 남녀가 어울려 함께 잘 살고 있으며, 서커스에도 여자아이들이 열심히 참여하고 있다.

세계 곳곳을 밝히는 벤포스타

벤포스타는 오렌세 주에 있는 곳을 수도라 할 수 있다. 뫼비우스가 방문했을 때에는 셀라노바, 마드리드, 아레아스, 로카스 수도원 따위 여러 곳에 지부가 있었으나, 1980년대 후반에 벤포스타를 다녀온 무라타(村田 榮一) 씨에 따르면 셀라노바, 마드리드 들은 문을 닫았다. 대신 다른 곳이 영토로 편입되었다고 한다.

해외 지부가 건설되는 것을 보면 오렌세에서 시작된 이 꿈이 세계 곳곳을 밝히고 있음을 보게 된다. 해외 지부는 남아메리카에 집중되어 있는데, 가장 큰 곳이 콜롬비아이다. 뫼비우스가 소개한 대로 페케뇨와 여러 사람이 힘을 모아 콜롬비아의 보고타에서 시작했는데, 그 뒤 비야비센시오 그리고 몬테리아에도 벤포스타를 열었다. 1974년에 시작되어 올해로 26년의 역사를 갖고 있는데, 세 군데를 합쳐서 인구가 1천4백 명이 넘은 적도 있다. 여자가 절반쯤 된다고 한다. 베네수엘라의 라구아이라와 카라카스, 볼리비아의 코차밤바에도 벤포스타 도시가 있다.

그리고 벤포스타 도시라고 할 수는 없지만 벤포스타 이념의 연장이랄 수 있는 대사관(사무실이라고 할 수도 있다)이 여섯 군데에 있는데, 콜롬비아의 라구아히라, 일본의 고베와 도쿄, 미국의 뉴저지 그리고 니카라구아와 모잠비크에 있다. 참고로 말하면, 뫼비우스가 말한 벨기에의 브뤼셀 어린이 나라는 얼마 안 가서 없어졌다.

코로나

벤포스타 은행은 벤포스타의 현행 화폐인 코로나(Corona)를 발행한
다. 어린이 나라 아이들은 코로나만 써야 한다. 에스파냐 화폐인 페세
타와의 환율은 1:5이다. 곧, 1코로나는 5페세타이다(100페세타가 우
리나라 돈으로 600원쯤 된다). 벤포스타 은행은 지금 50코로나와 100
코로나짜리 동전과 1, 5, 25, 100, 500 그리고 1000코로나짜리 지폐를
발행한다. 또한 수표책을 통용시키고 있기도 하다. 벤포스타 은행에
계좌를 만든 시민은 누구나 이것을 쓸 수 있다. 벤포스타 시장과 행정
관이 은행의 최고 책임자들이다.

벤포스타에 하나뿐인 이 은행이 문을 열고 일하는 시간은 오로지 시
민들의 필요에 따라 정해진다. 다시 말해, 오전 일과가 끝나는 시간과
오후 일과가 끝나는 시간에 문을 열어 놓는다. 아이들은 오전에는 학교
에서 공부를 한다. 따라서 은행은 오전 일과가 끝나는 시간에 문을 열
어 공부를 마친 아이들에게 돈을 준다. 오후가 되면 아이들은 작업장에
가서 직업 훈련을 받는데, 도시는 아이들이 일터에서 배우는 것에 대해
서도 돈을 주어야 한다. 따라서 은행은 오후 일과를 마칠 때쯤 다시 문
을 연다. 이렇게 해야만 아이들은 그날그날 밥을 사 먹을 수 있다. 벤포
스타에서는, 바깥세상 어디서나 마찬가지로, 먹을 것을 거저 주지 않
는다. 이 원칙은 거의 예외가 없다.

코로나라는 독자 화폐를 만들어 쓰는 것은 여러 가지 뜻이 있겠으나
외부 화폐가 유통되는 것을 막아 준다. 그럼으로써 어떤 아이라도 부모
의 도움을 받지 않고 이곳에서 다른 모든 아이들과 똑같이 일하고 공부
하게 된다.

라디오에서 텔레비전으로

1970년대에 벌써 라디오 방송은 텔레비전 방송으로 바뀌었다. 어떤 프로그램은 아이들이 만들고 또 어떤 것은 다른 곳에서 제작한 것을 내보내는 식이었다. 이것을 1995년 10월에 지역 방송으로 확대해 오렌세의 일반 주민들도 시청할 수 있게 되었다. 오렌세에서는 이것이 지역 텔레비전 방송으로서는 처음이다. 교양 프로도 있고, 만화도 있고, 뉴스 시간도 있는데, 날마다 스스로 제작해 내보내는 뉴스는 벤포스타 소식뿐 아니라 세상 소식을 전한다. 벤포스타의 눈으로 본 세상 소식이다. 모든 프로그램에 벤포스타 사람뿐 아니라 오렌세 사람들의 의견을 받아들여 커뮤니케이션 매체로 자리를 잡았다.

이러한 시도는 일반 방송이 나날이 산업화하고 상업화하고 있기 때문에 참다운 언론이 필요하다는 생각에서 출발했다. 방송 시간은 날마다 아침 9시쯤부터 밤 1시쯤까지다.

방송국과 연관된 학교로 '영상과 음향 전문 학교'가 있다.

무차초스 서커스단

"내 몸에는 서커스의 피가 흐른다. 난 어릿광대나 곡예사가 될 수 있었다. 나는 사람들에게 기쁨과 평화와 사랑의 메시지를 전하는 신부다. 나는 어린이를 사랑한다. 나는 아이들에게 내 젊은 시절 최고의 꿈을 바쳐 왔다."

'어린이'와 '서커스'.

이 둘은 실바 신부가 가장 좋아하는 화두 같은 것이다.

1964년 7월 실바의 가장 아름다운 꿈 하나가 탄생했다. 모스크바 서커스 학교에 이어 세계 두 번째이자 에스파냐에서는 처음인 '에스파냐 서커스 학교'가 바로 그것이다. 지금 이 학교에서는 위험이 주는 놀라운 매력과 용기에 푹 빠진 아이들이 백 명 넘게 모여 수업을 받고 있다.

이 아이들은 기쁨과 평화와 사랑의 메시지를 전 세계로 전하며, 이 메시지는 이 땅에서 가장 고귀한 공연을 하는 돔 아래서 아름다운 창을 찾는다. 무차초스 서커스단은 1966년 바르셀로나의 카탈루냐 광장에서 첫 선을 보였고 그 뒤부터 지금까지 전 세계를 죽 돌았다. 다섯 대륙 여든다섯 나라, 몇백 군데 도시에서 1억 명의 관람객 앞에서 몇천 회 넘게 공연을 하였다.

무차초스 서커스단은 자기들이 보여 주고자 한 가치를 또렷하게 보여 주었다. 전통을 무시하지 않으면서도 여러 고전의 개념을 진보시키는 공연으로, 세계 서커스계에서 가장 중요한 공연의 하나가 되었다.

무차초스의 공연을 처음 보는 사람은 규모나 수준 때문에 크게 놀란다. 커다란 둥근 천막 아래서, 힘찬 리듬으로 쉬지 않고, 백여 명의 곡예사들을 움직이는 화려한 이야기가 마흔 가지나 이어진다. 풍부할 뿐 아니라, 출연자 규모도 매우 크다. 모든 것이 곱절이다. 보통 공연에서 요술사가 한 명 나온다면 여기서는 요술사 일곱 명과 밧줄 곡예사 열 명이 공연한다. 인간 피라미드를 쌓을 때는 백 명이 다 나와 커다란 탑을 만든다. 보는 사람을 압도한다. 또, 어릿광대 무리가 형형색색 찬란함 속에서 무대를 꽉 채운다.

예술 위에 사람이 있듯이, 무차초스 서커스단의 훌륭함은 무엇보다도 위대한 인간성에 있다. 사람의 한계를 넘어, 관객에게 두 팔을 활짝

벌리며 모든 사람들을 평화와 우애에 초대한다.

교회와 정부 그리고 벤포스타

"마음이 담기지 않은 기도, 참회, 치렁치렁한 옷들, 라틴어로 이루어
지는 미사……. 이것은 진정한 신앙과는 아무 관계도 없다. 사제는
그저 교회에서 근무하는 사람이어서는 안 된다."

실바는 신부가 되어 받은 첫 월급을 교회에 돌려주고 그 길로 마을
로 내려왔다. 길에서 만난 아이들에게 '아이들의 도시'를 만들자고 제
안했는데 그것을 아이들이 받아들였다. 이것이 실바 인생에서 큰 전환
점이 되었다. "오렌세는 갈리시아에 있는 작은 마을이었지만, 그 뒤로
나는 어린이들 덕분에 세상을 보게 되었다."고 실바는 말한다.

교회는 프랑코 정권과 결탁해 있었고, 세상을 보게 된 실바 신부는
정부뿐 아니라 카톨릭 교회와도 잘 지내지 못했다. 미사를 금지당한 적
도 있고, 에스파냐 정부로부터 감시를 당한 적도 여러 번이며, 순회공
연 때는 방문국 정부로부터 방해를 받은 적도 있지만 굳건히 버티어 오
늘날에 이르렀다. 벤포스타가 살아남을 수 있었던 까닭으로, 실바가
신부라는 점, 사회사업의 공적을 인정할 수밖에 없다는 점을 들 수 있
다. 재미있는 일은, 실바가 큰 빚을 지고 있는 것 때문에도 아무도 인수
하려 하지 않았다고 한다. 벤포스타 살림살이가 넉넉지 못해 지게 된
빚이다.

1985년에는 경제 형편이 어려워, 주택을 건설한다는 조건으로 갈리
시아 정부에 땅을 넘기고 돈을 받은 일이 있는데, 이 일이 잘 되지 않아
실바가 은행에 빚을 지게 되었다. 이 일은 줄곧 문제가 되다가 1999년

들어 갈리시아 정부가 벤포스타 땅의 소유주임을 내세우며, 아이들을 몰아내고 벤포스타에 축구장을 짓겠다는 계획을 밀어붙이며 철수 명령을 내렸다. 이 일로 벤포스타와 갈리시아 정부는 맞서게 되었고, 경찰이 벤포스타 땅을 밟으려 하자 벤포스타 아이들과 후원회가 힘을 합쳐 저항했다. 이 사건은 법정 소송을 부르기도 했는데, 올해 6월 벤포스타의 승리로 끝을 맺었다.

실바 신부와 벤포스타

언제나 검은색 가죽 점퍼를 입고 있는 실바 신부는 사제이면서 예술가이다. 그러나 그 무엇보다 이 사람은 아이들의 진정한 아버지다. 실바 신부는 모험가이기도 하다. 실바 신부 스스로도 "내 생각엔, 사제란 모험가의 다른 이름이다."고 말한다. 실바 신부의 가장 큰 모험은 바로 벤포스타! 실바는 아름다운 꿈을 현실에 옮겨 심었다.

다음은 실바 신부가 기자들과 나눈 이야기이다. 에스파냐의 〈교육 프로페셔널 Profesionals da Educación〉 2000년 5월호에서 따왔다.

반세기가 가까워 오는데 벤포스타가 초기의 이념에 여전히 충실한가요? 신부님이 품었던 정신에 어긋남은 없습니까?

우리의 목적은 이 세상이 어떻게 변해야 하는가, 왜 변해야 하는가를 깨닫는 것이며 우리의 마음과 힘을 모아 변화를 이루려 하는 것입니다. 우리는 그 변화를 일으키는 데 힘을 합할 준비가 되어 있습니다. 우리는 어린이를 새로운 사람으로 만들기 위해 교육하려고 합니다. 처음부터 벤포스타는 교육 공동체로, 지속 가능한 삶의 형태로, 기독교 공동체로, 정치 운동으로 그리고 목회자의 활동으로 계획되었지요.

새로운 사람을 만들기 위해 어린이를 교육합니다. 그러려면 먼저 이기심, 돈, 권력, 악습 따위에서 태어난 아이들을 그 속에서 구출해야 합니다. 그리고 나서는 어린이에게 힘 있는 사람들이 저지르는 박해와 무관심 때문에 버려진 어린 형제들이 있음을 알게 합니다. 어린이 한 사람은 세 명의 죽은 형제를 가지고 있으며, 건강한 어린이 한 사람은 세 명의 병든 형제를, 학교에 다니는 어린이 한 사람은 세 명의 문맹 형제를 가지고 있다는 것을 알아야 합니다. 이렇게 할 때만이 형제들의 아픔을 알고 정의로운 세상을 건설할 미래의 일꾼으로 자라납니다. 이러한 것이 어린이의 정신에 헛되고 해로운 충격을 줄 수 있다고는 생각하지 않습니다. 어린 시절을 정말로 파괴하는 충격은 바로 이기주의이며, 이기주의는 아이를 자기 변덕의 노예가 되게 하고 자기가 속한 집과 사회의 고통에는 무관심하게 만들지요.

이런 점에서 벤포스타는 아이들에게 빵을 주는 자선 기관이 절대로 아니며 누군가로부터 원조를 받고자 하는 곳도 아닙니다. 처음 벤포스타가 세워질 때부터 지금껏 내가 뜻한 것은, 인류의 결속, 책임, 부당한 것에 대한 저항, 고발정신을 깨우치는 것입니다. 여기서 '자유'라는 것이 무척 중요한데, 오직 자유 속에서만 결속된 인간이 만들어지므로, 자유 속에서 자라도록 합니다.

벤포스타 시민들은 어떤 훈련을 받습니까?

벤포스타는 그저 단순히 학교라고만은 할 수 없고, 교육 공동체라고 해야 합니다. 통합된 교육을 받고 있는데, 이곳의 교육 경험은 세 가지로 나누어 볼 수 있습니다. 정신으로 생각하는 것을 배우기 위해 학문 훈련을 받으며, 하루 두 시간씩 자기가 고른 일터에 가서 일을 하며 손으로 생각하는 것을 배웁니다. 또 하나는 정치적 가치를 형성하는 일이자 인간성을 재발견하는 일입니다. 다른 사람을 위해, 다른 사람과 함께 생각하는 것을 배우고 익히는 것이지요. 이 세 가지 축이 종합되어 있어요. 이것은 변화를 위한 교육이며, 변화의 의식을 가진 사람을 기르는 교육입니다.

목표가 많지는 않지만, 정치 특성이 눈에 띕니다. 정치적 가치를 심어 줌으로써 무엇을 기대하는 것입니까? 또한 이것은 벤포스타의 현실에서 어떤 의미를 가집니까?

사회는 정의롭지 못합니다. 사람들을 가진 사람과 없는 사람, 착취하는 사람과 착취당하는 사람으로 나누어 놓았기 때문입니다. 우리는 지배자와 노예가 없고 억압하는 사람과 억압받는 사람이 없는 사회를 요구합니다. 살려고 태어난 아이들이 죽지 않는 사회를 요구합니다. 어린이가 왕인 사회, 그리고 우리 모두가 하느님이 주신 이 아름다운 땅에서 행복하게 살아갈 수 있는 사회를 요구합니다. 벤포스타는 공생하는 것을 준비하도록 교육하고 있습니다. 우리는 다른 사람들과 함께 살기를 바라며, 죽은 사람들의 대가로 살아가지 않고 이 땅의 모두와 기쁘게 살아가는 것이 우리의 목표입니다.

벤포스타는 시민들을 진보와 변화의 개념 속에서 준비시키며, 힘 있는 자들에 의해 법으로 보호받고 있는 불의, 부당함에 저항합니다. 또한 인류의 4분의 3의 고통을 모른 체하는 사회를 고발하고 기득권을 보호하는 보수 정치 세력을 벌하고자 합니다.

벤포스타는 전도 사업을 하는 곳이기도 합니다. 이 행복한 도시에서부터 목회자의 활동이 실현되고 꿈과 이상과 모험이 추구됩니다. 벤포스타는 하느님의 자녀들이 사는 공동체의 균형을 깨는 모든 것에 반대하도록 젊은이들의 순수한 반항심을 일깨웁니다. 또한 복음을 전도하도록 이끕니다.

사람에게는 자유로운 사람이 되는 길과 노예가 되는 길 이렇게 두 가지 길이 있습니다. 자유로운 사람이 되는 길은, 고통받는 세상의 아픈 현실과 함께 하며 스스로 자유로워짐으로써 형제들이 자유롭게 되는 것을 도울 수 있습니다. 이것을 알아야 합니다. 반대로, 노예가 되는 길은 개인주의이며 반기독교의 삶을 살면서, 이기심에 얽매여 자기 자신의 삶과 다른 사람들의 삶의 중심이 되는 것입니다. 이러한 노예들이 늘고 있습니다. 여기저기서 기독교가 잘못된 길을 가고 있기 때문입니다. 따라서 벤포스타 목회자의 임무는 기독교 안에서 우애와 약속이 있는 세계 이상향을 세우는 것입니다.

이것이 무차초스 서커스단이 전 세계에 전하려고 하는 메시지입니다. 서커스 공연보다 훨씬 중요하지요. 이것은 변화의 본보기이고, 고뇌 속의 신선한 소식이며, 병든 사회를 고칠 수 있는 건강한 경험입니다.

"벤포스타, 우리는 외롭지 않다"*

갈리시아 정부 수반 귀하

오렌세 시장 귀하

오렌세 의회 의장 귀하

관계자 귀하

제 이름은 엘비오 도산토스 블랑코입니다. 나이는 마흔다섯 살이고 살라스 데 라 리베라(Salas de la Ribera)에서 태어났으며 주민등록번호는 34606586입니다.

마드리드 주의 레가네스(Leganes) 시에 살고 있으며 혼인하여 아이들 둘을 두고 있습니다. 저는 사회심리학자이며 레가네스 시청의 공공 서비스국에서 전문가로 일하고 있습니다. 맡고 있는 일은 많은데 그 가운데 '시민 대학 학장'과 '시장 대리'가 특히 중요합니다.

저는 1965년부터 1976년까지 벤포스타에서 살았으며, 군 복무를 마치고는 마드리드에서 심리학을 공부했습니다. 저는 고향에서 초등학교를 좋은 성적으로 졸업했으나 중학교에 갈 수가 없었습니다. 우리 집은 학비를 내는 학교에 보내기에는 형편이 좋지 못했으며, 학비가 들지 않는 학교는 거의가 카톨릭 교회에서 운영하고 있었는데 내가 미혼모의 아들이라고 해서 받아 주지 않았습니다. 공부를 계속하려면 다른 길이 없었기 때문에 벤포스타에 들어갔습니다.

---

*이 글은 벤포스타와 갈리시아 정부가 축구장 일로 맞서고 있을 때, 벤포스타인이 쓴 항의 편지다. 벤포스타 홈페이지에서 따왔다.

벤포스타에서 살면서 저는 기술 고등학교와 대학 준비 과정을 마쳤으며, 여러 자리에서 책임을 다했습니다. 정부 위원회에서 시민 정신 장관과, 공공질서 장관, 산업 장관 들을 맡아 일했으며 셀라노바 시장 일도 했습니다.

저는 1970년에 벤포스타 정식 시민이 되었으며, 1972년에 제6 대 '큰 모험'을 했습니다.

제 다섯 형제 가운데 세 명과 사촌 둘도 벤포스타를 거쳐 갔습니다.

벤포스타는 제 삶의 가장 중요한 뿌리입니다. 벤포스타에서 저는 먹고, 놀고, 내 생각을 말하고, 다른 사람의 의견을 존중하고 나누는 것을 배웠습니다. 내 인격은 이곳에서 만들어졌습니다. 책임감을 배웠으며, 출신 성분 때문에 가졌던 빈약한 생각들에 대해 정직함과 존경심을 가지고 맞설 수 있게 되었습니다.

나는 벤포스타 시민이라는 자부심을 가지고 내 도시를 명예롭게 할 준비가 되어 있는 벤포스타인으로서,

실바 신부님과 벤포스타의 모든 형제자매들과 함께 할 수 있는 행운을 누렸고, 더 나은 세계를 만드는 데 이바지하는 꿈을 가졌으며, 도움이 필요한 전 세계 어린이와 젊은이들에게 도움을 줄 수 있는 벤포스타를 건설하는 현실을 보게 된 벤포스타인으로서,

더 나은 사회 교육 공동체, 더 넉넉한 벤포스타를 만들려고 날마다 마음을 내어 노력하는 벤포스타인으로서,

정의, 평등, 연대를 내세우는 헌법을 따르고 그 정신을 제대로 실현하려 노력하는 공권력을 바라는 민주 국가 에스파냐의 국민으로서,

법을 존중하고 동시에 법 저편의 현실도 있다는 것을 잘 알고 있는 시민으로서,

우리가 뽑은 공공 기관 대표들을 존중하는 한편 이들이 자기 임무를 올바르게 수행하기 위해서는 지원과 비판이 필요하다는 것을 확실히 아는 민주주의자로서,

인류의 3분의 1 이상이 비참하게 살아가고 있고, 4분의 3이 가난하고, 기술로나 경제 사정으로나 과학의 성과로 보나 충분히 구제할 수 있는데도 어린이의 반이 분별없이 부당하게 가난에 방치되어 있는 사실을 잊을 수 없는 사람으로서,

지금 벤포스타에서 살고 있고 앞으로 벤포스타에서 살아갈 사람들의 동료와 형제로서,

갈리시아 정부 수반인 프라가 씨와 책임자들에게, 그리고 영원한 벤포스타의 땅에 축구장을 건설하려는 계획에 관련된 오렌세 시장과 책임 기관에게 요구합니다. 비록 경제 형편이 매우 어려울 때 그 땅을 샀더라도 축구장을 세우려는 계획을 포기하고, 지금의 벤포스타 책임자들과 어린이들의 노력과 소망으로 만들어진 그 땅에 대해 경제적, 도덕적, 역사적 의미와 가치에 어긋남 없고 정당한 해결책을 만들어 합의하기를 요구합니다.

한순간이라도 벤포스타가 추구하는 이상과 가치에 동의한 적이 있는 오렌세 시민, 갈리시아 주민, 에스파냐 국민, 나아가 전 세계 시민들이, 모든 사람들의 재산인 벤포스타가 그 누구의 투기 대상이 되는 것을 피할 수 있도록 도와줄 것을 간청합니다.

벤포스타가 누구의 힘으로도 망가지지 않고 좋은 뜻을 이룰 수 있도록, 벤포스타의 사업과 실바 신부님과 벤포스타가 발전하는 데 힘을 보탠 모든 사람들을 진심으로 존경하고 배려할 것을 요구합니다.

이 모든 까닭으로 해서, 지금의 고통스러운 현실을 되도록 빨리 이겨 낼 수 있도록 내 힘닿는 데까지 돕겠노라 마음먹었음을 다시 한 번 약속합니다.

엘비오 도산토스 블랑코(Elvio Dosantos Blanco)

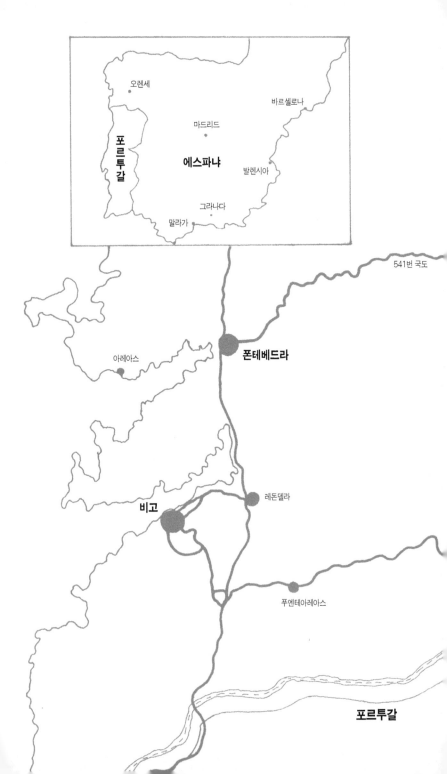

벤포스타와 그 둘레

산 에스테반 수도원

실 강

오렌세

로카스 수도원

120번 국도

미뇨강

벤포스타

540번 국도

525번 국도

셀라노바

안텔라 호수

글쓴이 에버하르트 뫼비우스는

1926년 독일 북부 하르츠 지방의 베르니게로데에서 태어났다.
1945년부터 연극 배우, 연출자, 감독으로 활동했다.
결혼한 뒤, 부인과 함께 '리타 풍크'라는 배를 고쳐 어린이를 위한 극장으로 만들었다.
오늘날까지 뫼비우스 부부는 극장 '배(Das Schiff)'를 잘 운영해 오고 있는데,
유럽에 하나뿐인 이 극장은 함부르크의 문화 기선 1호로 자리 잡았으며,
에버하르트 뫼비우스는 1986년 독일 1급 공로 십자 훈장을 받았다.
이 책은 뫼비우스가 1972년에 한 달 동안 벤포스타를 방문하고 쓴 여행기이다.

옮긴이 김라합은

1963년 전라북도 군산에서 태어나 서강대학교 독어독문학과를 졸업했다.
다른 나라에서 나온 좋은 책을 우리말로 옮기는 일을 하고 있다.
그동안 《휠체어를 타는 친구》《산적의 딸 로냐》《유물을 통해 본 세계사》
《스콧 니어링 자서전》같은 책을 우리말로 옮겼다.

어린이 공화국 벤포스타

2000년 10월 25일 1판 1쇄 펴냄 | 2024년 11월 20일 1판 18쇄 펴냄 | **글쓴이** 에버하르트 뫼비우스 | **옮긴이** 김라합 | **펴낸이** 유문숙 | **편집** 김누리, 김성재, 이경희, 임헌 | **디자인** 이종희 | **제작** 심준엽 | **영업마케팅** 김현정, 심규완, 양병회 | **영업관리** 안명선 | **새사업부** 조서연 | **경영지원실** 노명아, 신종호, 차수민 | **분해·제판** 아이·디 피아 | **인쇄와 제본** 프린탑 | **펴낸 곳** (주)도서출판 보리 | **출판 등록** 1991년 8월 6일 제9-279호 | **주소** 경기도 파주시 직지길 492 (10881) | **전화** 031-955-3535 | **전송** 031-950-9501 | **누리집** www.boribook.com | **전자우편** bori @boribook.com

이 책의 내용을 쓰고자 할 때는, 저작권자와 출판사의 허락을 받아야 합니다. | 잘못된 책은 바꾸어 드립니다. | 값 13,000원 | ISBN 89-8428-058-5 03370

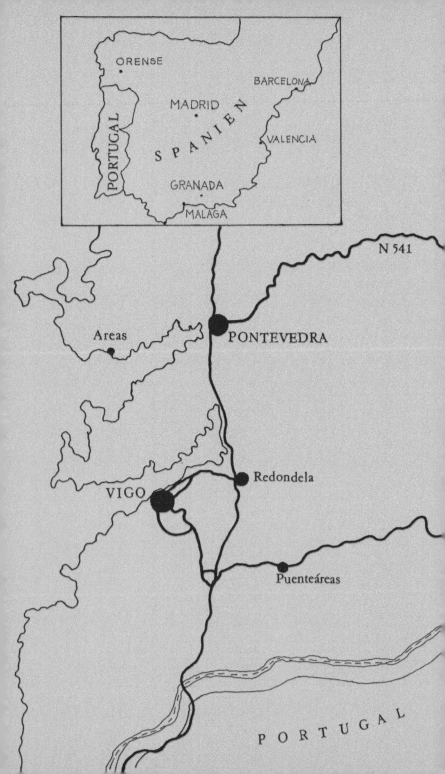

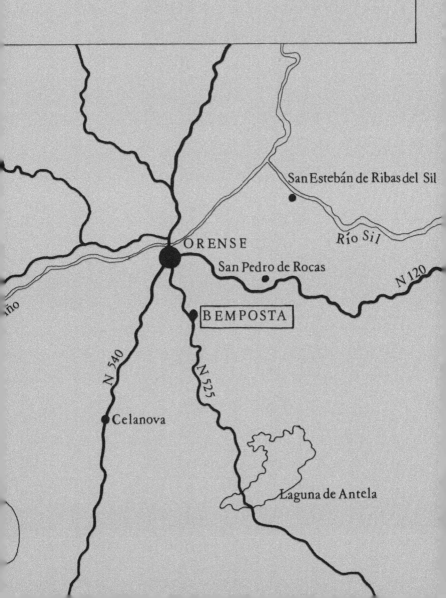

BEMPOSTA

San Estebán de Ribas del Sil

Río Sil

ORENSE

San Pedro de Rocas

N 120

BEMPOSTA

N 540

N 525

Celanova

Laguna de Antela